Schwein gehabt!

Hiroko Kawakami
Imke Lenz

ASAHI Verlag

表紙デザイン：　　　駿高泰子（Yasuco Sudaka）
本文デザイン：　　　小熊未央
表紙・本文イラスト：　川上博子
写真提供：　　　　　Imke Lenz, Mami Wende, Shutterstock.com

ドイツ語学習を始める皆さん

このテキストは、初めてドイツ語の会話を学ぶ人のための教科書です。必要最小限の文法事項だけを使って、ドイツ語で自分自身や身の回りのことを表現出来るように、簡単なコミュニケーションがとれるようになることを目標にしています。家族や趣味についての話、買い物やレストランでの注文、道を尋ねる表現など日常よく使う表現を確実に身につけましょう。

無理なく、楽しくドイツ語の会話表現と基礎知識を習得できるように工夫しました。
- 各課の最初には、その課で学ぶ基本的な単語をイラスト付きで挙げてあります。まずそれらを参考に Dialog の内容を理解し会話表現を習得しましょう。

- 黒板に見立てた ドイツ語のルール では必要な文法事項をまとめています。

- 単語をマスターしよう！ というコーナーではその課で学ぶ重要単語がチェックできます。

- **Wortschatz** は語彙力をさらにアップさせるコーナーです。

- Information では各課に関連する話題として、ドイツ人の生活や文化、社会問題などを紹介しました。

練習問題を通して、基礎知識を確実に身につけましょう。練習問題の多くは対話形式になっていますので、パートナー練習をすることが出来ます。繰り返して練習することで自然に会話力が身につくようになっています。プレゼンテーションにも利用できるように、2課、5課、8課の最後にイラストを使ったペア練習問題もついています。

別冊の Arbeitsbuch を使用すれば練習問題が補足できます。

このテキストのタイトルにもなっていますが、Schwein haben「豚を持つ」という表現はドイツ語で「思いがけない幸運との出会い」という意味です。ドイツでは豚は幸運を呼ぶ動物といわれています。ラッキーアイテムとして、豚のお菓子やグッズは新年のプレゼントなどにもよく使われます。このテキストの中では時々 Schweinchen（子豚）が登場し、皆さんを励ましたり、いろいろな事をつぶやいています。Schweinchen のつぶやきも楽しみにしてください。

皆さんのドイツ語への興味がドンドン深まり、ドイツ語がトントン拍子に上達することをを期待しています。このテキストがドイツ語との最初の楽しい出会いとなり、次のドイツ語学習へのステップにつながることを願っています。

このテキストの作成にあたり、朝日出版社の日暮みぎわさんに大変お世話になりました。この場を借りて心から御礼申し上げます。

著者

Inhalt

Lektion **1** ## Woher kommen Sie? 1

＊動詞の形　＊語順　　Wortschatz　専攻名

Information　ドイツ語を話す国と地域は？

Lektion **2** ## Was sind Sie von Beruf? 5

＊代名詞　＊動詞の人称変化 1　＊ sein　　Wortschatz　職業
ペア練習 😊🙂

Lektion **3** ## Wie geht's? Wie spät ist es? Wie alt sind Sie? 9

＊ es を使った熟語（体調、時刻）　　Wortschatz　体調を表す表現

Information　ドイツの年齢制限について

Lektion **4** ## Was machst du gern? 13

＊動詞の人称変化 2　＊ haben, werden　＊否定文
Wortschatz　趣味・好きな事を表す表現

Information　ドイツ人の趣味・余暇の過ごし方

Lektion **5** ## Was machst du heute? 17

＊時間を表す前置詞　　Wortschatz　頻度を表す副詞
ペア練習 😊🙂

ドイツ語圏略地図　（□はドイツ語使用地域）

02

A	a	*A*	*a*	aː	Q	q	*Q*	*q*	kuː
B	b	*B*	*b*	beː	R	r	*R*	*r*	ɛɐ
C	c	*C*	*c*	tseː	S	s	*S*	*s*	ɛs
D	d	*D*	*d*	deː	T	t	*T*	*t*	teː
E	e	*E*	*e*	eː	U	u	*U*	*u*	uː
F	f	*F*	*f*	ɛf	V	v	*V*	*v*	faʊ
G	g	*G*	*g*	geː	W	w	*W*	*w*	veː
H	h	*H*	*h*	haː	X	x	*X*	*x*	ɪks
I	i	*I*	*i*	iː	Y	y	*Y*	*y*	ýpsilɔn
J	j	*J*	*j*	jɔt	Z	z	*Z*	*z*	tsɛt
K	k	*K*	*k*	kaː					
L	l	*L*	*l*	ɛl	Ä	ä	*Ä*	*ä*	ɛː
M	m	*M*	*m*	ɛm	Ö	ö	*Ö*	*ö*	øː
N	n	*N*	*n*	ɛn	Ü	ü	*Ü*	*ü*	yː
O	o	*O*	*o*	oː					
P	p	*P*	*p*	peː		ß		*ß*	ɛstsét

i

つづり字と発音

✻原則 ◀03

1. ローマ字のように読む。
2. アクセントは最初の母音にある。
3. アクセントのある母音の後の子音字が一つのときは長母音になる。

Dame〔ダーメ〕　　Danke〔　　　　　〕

✻母音のつづり字 ◀04

1. 重母音　長母音　　　　Tee 〔　　　　〕　Haar 〔　　　　〕

　　母音＋h 長母音　　　Kohl 〔　　　　〕　Bahnhof〔　　　　〕

2. ie [iː]イー　　　　Biene 〔　　　　〕　fliegen 〔　　　　〕

3. ei [aɪ]アイ　　　Bein 〔　　　　〕　Reis 〔　　　　〕

4. eu／äu [ɔʏ]オイ　heute 〔　　　　〕　Eule 〔　　　　〕

　　　　　　　　　　Fräulein〔　　　　〕　Bäume 〔　　　　〕

5. ä [ɛ]エ [ɛː]エー　Gäste 〔　　　　〕　Käse 〔　　　　〕

6. ö [œ]エ [œː]エー　Löffel 〔　　　　〕　Möbel 〔　　　　〕

7. ü [ʏ]ユ [yː]ユー　müde 〔　　　　〕　früh 〔　　　　〕

8. 語末 -r／-er　母音化 ア　Bär 〔　　　　〕　Butter 〔　　　　〕

✻子音のつづり字と発音 ◀05

1. 語末・音節末　b [p]プ　gelb 〔　　　　〕　halb 〔　　　　〕

　　　　　　　d [t]トゥ　Kind 〔　　　　〕　Geld 〔　　　　〕

　　　　　　　g [k]ク　Berg 〔　　　　〕　Tag 〔　　　　〕

2. **a, o, u + ch** [x] ハ・ホ・フ　Dach 〔　　〕　　Koch 〔　　　〕

Tuch 〔　　〕

それ以外 **ch** [ç] ヒ　Milch 〔　　〕　　Becher 〔　　　〕

nicht 〔　　〕

語末　　**-ig** [iç] イヒ　Honig 〔　　〕　　fertig 〔　　　〕

3. **sch**　[ʃ] シュ　Fisch 〔　　〕　　Tasche 〔　　　〕

4. **tsch**　[tʃ] チュ　Deutschland 〔　　　〕

Tschüs 〔　　〕

5. **chs = x** [ks] クス　Fuchs 〔　　〕　　Lachs 〔　　　〕

6. **s + 母音** [z] ズ　Sommer 〔　　〕　　reisen 〔　　　〕

ss, ß　[s] ス　Messe 〔　　〕　　Fußball 〔　　　〕

7. **z, tz, ds** [z] ツ　Zahn 〔　　〕　　Platz 〔　　　〕

abends 〔　　〕

8. **sp-**　[ʃp] シュプ　Spaß 〔　　〕　　Sport 〔　　　〕

st-　[ʃt] シュトゥ　Stuhl 〔　　〕　　Stift 〔　　　〕

9. **v**　[f]　フ　Vater 〔　　〕　　Vogel 〔　　　〕

10. **w**　[v]　ヴ　Wasser 〔　　〕　　Schwein 〔　　　〕

11. **j**　[j]　ヤ行の音　Jacke 〔　　〕　　Joghurt 〔　　　〕

12. **pf**　[pf] プフ　Apfel 〔　　〕　　Topf 〔　　　〕

＊外来語と発音　◀ 06

Familie　Orange　Job　Chef　Universität　Theater　Information

Übung ドイツ語圏の有名人です。発音してみましょう。 🔊07

Händel Bach Mozart Einstein Diesel Freud

Arnold Schwarzenegger Michael Schumacher

✳ **挨拶** 発音してみましょう。 🔊08

1. Guten Tag!

2. Guten Morgen!

3. Guten Abend!

4. Hallo!!

5. Auf Wiedersehen! / Tschüss!

6. Entschuldigung! Das macht nichts.

✳ **授業でよく使う表現** 🔊09

1. Sprechen Sie, bitte!
（どうぞ話して下さい）

2. Lesen Sie, bitte!
（どうぞ読んで下さい）

3. Hören Sie, bitte!
（どうぞ聞いて下さい）

4. Sehen Sie Seite eins, bitte!
（どうぞ1ページを見て下さい）

5. Üben Sie, bitte!
（どうぞ練習して下さい）

6. Fragen und antworten Sie, bitte!
（どうぞ質問して答えて下さい）

7. Machen Sie einen Dialog, bitte!
（どうぞ会話して下さい）

8. Wie bitte?
（えっ、なんとおっしゃいました？）

9. Noch einmal, bitte!
（もう一度お願いします！）

Zahlen und Farben

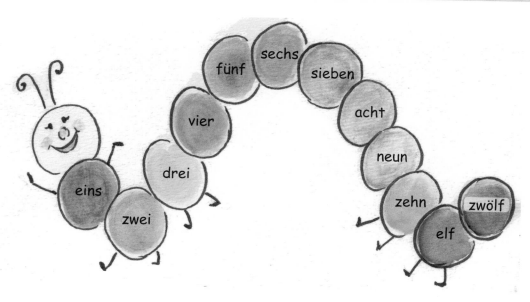

* ドイツ語の数字を書いてみよう。 ◀10

0 [null] weiß	13 dreizehn	30 dreißig
1 [ ] rot	14 vierzehn	40 vierzig
2 [ ] blau	15 fünfzehn	50 fünfzig
3 [ ] gelb	16 sechzehn	60 sechzig
4 [ ] grün	17 siebzehn	70 siebzig
5 [ ] orange	18 achtzehn	80 achtzig
6 [ ] braun	19 neunzehn	90 neunzig
7 [ ] violett	20 zwanzig	100 hundert
8 [ ] rosa	21 einundzwanzig	1 000 tausend
9 [ ] grau	22 zweiundzwanzig	10 000 zehntausend
10 [ ] hellblau		
11 [ ] dunkelblau		
12 [ ] schwarz		

Übung　数字を聞き取りましょう。　◀11

a) ___6___　___sechs___　　b) ....　...............

c) ....　...............　　d) ....　...............

e) ....　...............　　f) ....　...............

Woher kommen Sie?

国名をドイツ語で
書き入れましょう！

Ich komme
aus Deutschland.

Länder: 国名	Nationalität: 国籍		Sprachen: 言語
Deutschland	Deutscher	Deutsche	Deutsch
Österreich	Österreicher	Österreicherin	Deutsch
die Schweiz	Schweizer	Schweizerin	Deutsch/Französisch/Italienisch
Frankreich	Franzose	Französin	Französisch
Italien	Italiener	Italienerin	Italienisch
England	Engländer	Engländerin	Englisch
China	Chinese	Chinesin	Chinesisch
Japan	Japaner	Japanerin	Japanisch

◀ 12

右側タブ（上から下）:
動詞の形 / 語順
代名詞・動詞の変化1
es を使った熟語
動詞の変化2 / 否定文
時間を表す前置詞
名詞の性・複数形
名詞（主語・目的語）/ 否定冠詞
不可算名詞
所有冠詞
命令形

R : Frau Richter
T : Herr Tanaka

◀ 13 R : Guten Tag!

T : Guten Tag!
Ich heiße Jiro Tanaka. Wie heißen Sie?

R : Ich heiße Emma Richter.
Kommen Sie aus Japan?

T : Ja, ich komme aus Japan, aus Kyoto.
Woher kommen Sie?

R : Ich komme aus Deutschland.

T : Wo wohnen Sie?

R : Ich wohne in Tokyo. Und Sie?

T : Ich wohne in Chiba.
Was machen Sie?

R : Ich studiere in Tokyo Geschichte.
Ich lerne auch Japanisch.

T : Echt! Sprechen Sie Japanisch?

R : Ja, ich spreche ein bisschen Japanisch.

Familienname:	Richter
Vorname:	Emma
Herkunft:	Deutschland
Wohnort:	Tokyo
Beruf:	Studentin
Studienfach:	Geschichte
Sprache:	Japanisch

 セットで使うぞ！ kommen aus ～（～から来る）、wohnen in ～（～に住んでいる）

＊動詞の形　主語によって動詞の形は変わります。　　　　　　　　　　ドイツ語のルール

主語	heiß**en**	komm**en**	wohn**en**	lern**en**	studier**en**	mach**en**	sprech**en**
1人称 **ich**（私は）	heiß**e**						
2人称 **Sie**（あなたは）	heiß**en**						

♠語順：動詞の位置　studieren［大学で勉強する］を使った文。◀ 14

平叙文で動詞は
いつも2番目！

　　　　　　　　　　　　　　　2番目

《平叙文》　　　Ich studiere jetzt in Deutschland.　　私は今ドイツ［の大学］で勉強している。

　　　　　　　Jetzt studiere ich in Deutschland.　　今、私はドイツで勉強している。

　　　　　　　In Deutschland studiere ich jetzt.　　ドイツで、私は今勉強している。

《疑問詞がつく疑問文》 Wo studieren Sie jetzt?　　あなたは今どこで勉強していますか？

《疑問文》　　　Studieren Sie jetzt in Deutschland?　　あなたは今ドイツで勉強していますか？
　　　　　1番目

動詞の形・語順

代名詞・動詞の変化1

es を使った熟語

動詞の変化2 否定文

時間を表す前置詞

名詞の性・複数形

名詞［主語・目的語］否定冠詞

不可算名詞

所有冠詞

命令形

単語をマスターしよう！

◆動詞	意味	発音	◆疑問詞	意味	発音
heißen			wie		
kommen			wo		
wohnen			woher		
lernen			was		
studieren			◆名詞		
machen			Deutschland		
sprechen			Deutsch		

Übung　ドイツ語の文を作りましょう。ペア練習しましょう。

1. A: _____ _____ _____?　　あなたは何というお名前ですか？

   B: _____ _____ _____ _____.　　私は○○ ○○と言います。

2. A: _____ _____?　　あなたはどこから来ていますか？

   B: _____ _____ aus _____.　　私は○○○から来ています。

3. A: _____ _____?　　あなたはどこに住んでいますか？

   B: _____ in _____.　　私は○○○に住んでいます。

4. A: _____ _____ jetzt?　　あなたは今何を学んでいますか？

   B: _____ jetzt _____.　　私は○○○を今学んでいます。

5. A: _____ _____?　　あなたは何を大学で専攻していますか？

   B: _____ _____.　　私は○○○を専攻しています。

Viel Erfolg!

Wortschatz ◀15 Studienfächer: 専攻

Anglistik 英文学・語学　Japanologie 日本学　Geschichte 歴史学　Musik 音楽

Germanistik 独文学・語学　Soziologie 社会学　Journalistik ジャーナリズム

Wirtschaftswissenschaften (Wiwi) 経済学　Betriebswirtschaftslehre (BWL) 経営学

Jura 法学　Biologie 生物学　Chemie 化学　Physik 物理学　Informatik 情報学

Literaturwissenschaft 文学　Mathematik 数学　Medizin 医学

Information

ドイツ語を話す国と地域は？

ドイツ語を話す国は、ドイツ［ドイツ連邦共和国］、他にはオーストリア、スイス、リヒテンシュタインがあります。スイスのドイツ語圏は国全体の四分の三の地域に及び、他にもフランス語圏、イタリア語圏、ロマンシュ語圏の地域があります。

それ以外にドイツ語を公用語として使う国は、ルクセンブルク、ベルギーがあります。ルクセンブルクでは日常会話にルクセンブルク語を使っています。小学校の低学年から公用語であるドイツ語、フランス語を学び始め、ルクセンブルク人はこの三言語を状況と場面によって使い分けています。ベルギーの公用語は、オランダ語、フランス語、ドイツ語で、地域によって使われる言語が異なり、オランダ語圏とフランス語圏が大部分を占めますが、ドイツ国境に近い地域はドイツ語圏です。その他、イタリアの南チロル地方、デンマーク、フランス（アルザス・ロレーヌ地方）、ポーランド、スロバキア、チェコ、ハンガリー、ルーマニアなどにも少数ですがドイツ語を話す人々がいます。

Was sind Sie von Beruf?

とに
下の Wortschatz
にある単語を書き
入れましょう！

Verkäuferin

Kellner

Taxifahrer

Hausfrau

Wortschatz ◀16 Berufe: 職業 1 男性形 / 女性形

Student / Studentin 大学生   Schüler / Schülerin 生徒

Lehrer / Lehrerin 教師   Arzt / Ärztin 医者   Verkäufer / Verkäuferin 店員

Beamter / Beamtin 公務員   Maler / Malerin 画家

Kellner / Kellnerin ウェーター／ウェートレス   Hausmann / Hausfrau 主夫／主婦

Angestellter / Angestellte 会社員   Taxifahrer / Taxifahrerin タクシー運転手

Dialog 　　　　　　　　紹介

① T : Taro	A : Anna
② I : Interviewer	M : Frau Meier

◀17 ① T : Hallo, ich bin <u>Taro</u>.
　　　　　Wie heißt du?　　　　　　　A : Hallo, ich heiße Anna.

　　　T : Was bist du von Beruf?　　　A : Ich bin Studentin.

　　　T : Ich bin auch <u>Student</u>.
　　　　　Wo studierst du?　　　　　　A : Ich studiere jetzt in München.

　　　T : Woher kommst du denn?　　　A : Ich komme aus Deutschland, aus Bremen.

◀18 ② I : Sind Sie Frau Meier?　　　　M : Ja, das bin ich. Mein Name ist Lena Meier.

　　　I : Wer ist das?　　　　　　　　M : Das ist Herr Müller. Er ist Architekt und
　　　　　　　　　　　　　　　　　　　　arbeitet jetzt in Berlin. Das ist Frau Schmidt.
　　　　　　　　　　　　　　　　　　　　Sie arbeitet als Lehrerin. Ich bin Beamtin.
　　　　　　　　　　　　　　　　　　　　Wir sind aus Österreich, aus Salzburg.

ドイツ語のルール

＊主語になる代名詞 ◀19

主語　[単数]			主語　[複数]		
1人称（私は）	ich		1人称（私達は）		wir
2人称（君は）	du		2人称（君達は）		ihr
3人称（彼は）	er		3人称（彼らは）		sie
（彼女は）	sie		（それらは）		
（それは）	es		*2人称（あなた（方）は）		Sie

＊重要な動詞 ◀20

sein （〜である）			
ich	bin	wir	sind
du	bist	ihr	seid
er		sie	sind
sie	ist	Sie*	
es			

2人称は
2種類
親称：du
　　　 ihr
敬称：Sie

＊動詞の人称変化 ◀21　主語の種類によって動詞の形が変わる。

語幹の最後が s, ß, z のものは、du のとき -t だけ。

主語		lernen	singen	reisen	tanzen	heißen	arbeiten
[単] 1人称	ich	lerne					
2人称	du	lernst		reist	tanzt		arbeitest
3人称	er, sie, es	lernt					arbeitet
[複] 1人称	wir	lernen					
2人称	ihr	lernt					arbeitet
3人称 /2人称	sie/Sie	lernen					

語幹の最後が t, d のものは、du, er (sie, es), ihr のとき e を入れる。

Übung 1　singen を変化させ、＿＿＿＿＿ に主語を入れ文を作りましょう。
　　　　　　　次にこれらの文を使って動詞を [reisen, tanzen] に換え練習しましょう。

1.　＿＿＿＿＿ du gern? – Ja, ＿＿＿＿＿ ＿＿＿＿＿ gern.
　　　　　　　　　　　　　　　　　　　　　　　　　　　君は歌うのは好き？
　　　　　　　　　　　　　　　　　　　　　　　　　　　－はい、私は歌うのが好きだよ。

2.　＿＿＿＿＿ Taro oft? – Ja, ＿＿＿＿＿ ＿＿＿＿＿ oft.
　　　　　　　　　　　　　　　　　　　　　　　　　　　タローはよく歌うの？
　　　　　　　　　　　　　　　　　　　　　　　　　　　－はい、彼はよく歌います。

3.　＿＿＿＿＿ ihr gern? – Ja, ＿＿＿＿＿ ＿＿＿＿＿ gern.
　　　　　　　　　　　　　　　　　　　　　　　　　　　君達は歌うのは好き？
　　　　　　　　　　　　　　　　　　　　　　　　　　　－はい、私達は歌うのが好きだ。

Schwein gehabt!

Hiroko Kawakami
Imke Lenz

ASAHI Verlag

Übungen zur Aussprache

1. 略語を発音しましょう。

WC   CD   EU   USA   BDR   DDR   BMW   VW

2. 次の数字をドイツ語で書き、発音しましょう。

13 _____   26 _____

48 _____   45 _____

99 _____   4 _____

37 _____   52 _____

12 _____   60 _____

79 _____   81 _____

3. ドイツ語の数字を発音して、数字を書きましょう。

1) fünfzehn _____   2) siebenundzwanig _____

3) neununddreißig _____   4) vierundvierzig _____

5) neunundachtzig _____   6) fünf _____

7) sechsunddreißig _____   8) siebzig _____

9) neun _____   10) neunundfünfzig _____

11) einundsiebzig _____   12) zweiundachtzig _____

4. 次の挨拶の表現をドイツ語で書き、発音しましょう。

1) おはようございます _____

2) こんにちは _____

3) こんばんは _____

4) さようなら _____

5) バイバイ _____

5. 発音してみましょう。右の日本語の文と結びましょう。

1) Sehen Sie bitte Seite zehn! ・   ・ えっ、なんとおっしゃいました。

2) Wie bitte?   ・   ・ 読んでください。

3) Noch einmal, bitte!   ・   ・ どうぞ 10 ページを見てください。

4) Lesen Sie, bitte!   ・   ・ 聞いてください。

5) Hören Sie, bitte!   ・   ・ もう一度お願いします。

6) Bitte fragen Sie!   ・   ・ 答えてください。

7) Bitte antworten Sie!   ・   ・ 質問してください。

6. アルファベットと数字のビンゴゲームをしましょう。

Aa	Bb	Cc	Dd	Ee
Ff	Gg	Hh	Ii	Jj
Kk	Ll	Mm	Nn	Oo
Pp	Qq	Rr	Ss	Tt
Uu	Vv	Ww	Xx	Yy
Zz	Ää	Öö	Üü	ß

Lektion 1

1. 動詞を入れ、会話を完成させましょう。発音しましょう。

1) Wie _____ Sie?　　— Ich heiße Silke Schmidt.

2) Woher _____ Sie?　　— Ich komme aus Stuttgart.

3) Wo _____ Sie?　　— Ich wohne in Bremen.

4) Was _____ Sie?　　— Ich studiere Soziologie.

2. 動詞を正しい形にして補いましょう。

1) Heißen Sie Saito?　　　　— Ja, ich _____ Saito.

2) Kommen Sie aus Amerika? — Ja, ich _____ aus Amerika.

3) Leben Sie in Österreich?　— Ja, ich _____ in Österreich.

4) Studieren Sie Geschichte? — Ja, ich _____ Geschichte.

5) Sprechen Sie Japanisch?　— Ja, ich _____ Japanisch.

3. 会話が成り立つように疑問文を作りましょう。

1) _____?

　　— Ich heiße Peter Müller.

2) _____?

　　— Ich studiere in Berlin.

3) _____?

　　— Ich komme aus Österreich.

4) _____?

　　— Ja, ich wohne in Dresden.

5) _____?

　　— Ja, ich mache Karate.

6) _____?

　　— Ja, ich spreche etwas Deutsch.

4. [   ] から動詞を選び、正しい形にして補いましょう。

[kommen   heißen   leben   lernen   sprechen]

1) Woher _____ Sie?

2) Ich _____ in Paris.

3) _____ Sie gut Deutsch?

4) Ich _____ Ikebana.

5) Wie _____ Sie?

5. 下線の語を文頭にして文を完成させましょう。

1) 今、私は Saitama に住んでいます。

_____.

2) ドイツ語を、私は今学んでいる。

_____.

3) ドイツから、私は来ています。

_____.

4) München にある大学で、私はドイツ文学を専攻している。

_____ Germanistik.

Lektion 2

1. 動詞を人称変化させましょう。

	kommen	studieren	machen	singen	reisen	finden	sein
ich							
du							
er, sie, es							
wir							
ihr							
sie/Sie							

2. 上の表の中から動詞を選び、人称変化させて補いましょう。右の日本語の文と結びましょう。

1) Er ＿＿＿＿＿＿ Hausaufgaben .　　・ 　　・ 彼女はカラオケで歌う。

2) Du ＿＿＿＿＿＿ aus Thailand. ・ 　　・ 私は医学を大学で専攻している。

3) Ihr ＿＿＿＿＿＿ nach Berlin. ・ 　　・ 彼は宿題をします。

4) Sie ＿＿＿＿＿＿ Karaoke. 　　・ 　　・ 君はタイから来ています。

5) Ich ＿＿＿＿＿＿ Medizin. 　　・ 　　・ 君達は Berlin へ旅行する。

3. 動詞 sein を変化させて入れましょう。右の日本語の文と結びましょう。

1) Ich ＿＿＿＿＿＿ Studentin. ・ 　　・ 彼らは賢いです。

2) Du ＿＿＿＿＿＿ Beamter. ・ 　　・ 君達は幸せです。

3) Er ＿＿＿＿＿＿ Lehrer. ・ 　　・ 私達は眠いです。

4) Sie ＿＿＿＿＿＿ Hausfrau. ・ 　　・ それは美しいです。

5) Es ＿＿＿＿＿＿ schön. ・ 　　・ 彼女は主婦です。

6) Wir ＿＿＿＿＿＿ müde. ・ 　　・ 彼は教師です。

7) Ihr ＿＿＿＿＿＿ glücklich. ・ 　　・ 君は公務員だね。

8) Sie ＿＿＿＿＿＿ klug. ・ 　　・ 私は大学生です。

4. [　] の単語を使って主語を補って疑問文を作りましょう。

1) 彼はコーヒーを飲みますか？　　　　　[Kaffee trinken]

   _____ ?

2) 君達は柔道をしますか？　　　　　　　[Judo machen]

   _____ _____ _____ ?

3) 君は Peter という名前なの？　　　　　[heißen]

   _____ ?

4) あなたは眠いですか？　　　　　　　　[müde sein]

   _____ ?

5) 彼女はドイツ人ですか？　　　　　　　[Deutsche sein]

   _____ ?

5. 疑問詞を使った疑問文を完成しましょう。

1) 君はどこから来てるの？

   _____ _____ _____ ? — Ich komme aus Italien.

2) 彼らはだれですか？

   _____ _____ _____ ? — Sie sind Lisa und Thomas.

3) 彼女は何を歌うのが好きですか？　_____ gern?

4) 彼は何という名前ですか？　　　　_____ ?

5) 君達は Bonn で何をするの？　　　_____ in Bonn?

6. [　] の動詞を使って質問文と答えの文を完成させましょう。

[warten　　antworten　　reisen　　finden　　tanzen]

1) 君は旅行することが好き？

   _____ _____ gern?　—Ja, _____ _____ _____ .

2) 君達はどこで待ってるの？

   _____ _____ _____ ? — _____ _____ dort.

3) Anna は頻繁に答えますか？

   _____ _____ oft?　—Ja, _____ _____ oft.

4) Taro は上手に踊るの？

   _____ _____ gut?　　　—Ja, _____ _____ sehr gut.

5) 君は Wien をどう思いますか？

   _____ _____ Wien?　—_____ _____ Wien schön.

7

Lektion 3

1. 次の質問に対する答えを選び、言ってみましょう。

1) Wie spät ist es jetzt?   a) Nicht gut, danke.

2) Wann ist Halloween?   b) Ich bin sechs.

3) Wie geht's?   c) Es ist kurz vor sechs.

4) Wie alt bist du?   d) Im Oktober.

2. 次の質問にドイツ語で答えてみましょう。

1) Wann ist Weihnachten?（X'mas）— _____

2) Wann ist Valentinstag?   — _____

3) Wann ist Neujahr?   — _____

4) Wann sind Sommerferien?   — _____

5) Wann ist Ostern?   — _____

3. ドイツ語で発音してみましょう。左から合うものを選び、線で結びましょう。

1)	60 Minuten ·	· 1 日 ·	· 1 Jahr
2)	7 Tage ·	· 1 時間 ·	· 1 Tag
3)	24 Stunden ·	· 1 週間 ·	· 1 Stunde
4)	12 Monate ·	· 約 1 ヶ月 ·	· 1 Monat
5)	4 Wochen ·	· 1 年間 ·	· 1 Woche

4. ドイツ語で発音してみましょう。左から合うものを選び、線で結びましょう。

1) 500   · a) fünfzigtausend

2) 50 000   · b) dreihundertfünfundsechzig

3) 150 000   · c) zweitausend

4) 2 000   · d) fünfhundert

5) 365   · e) hundertfünfzigtausend

5. Wie spät ist es? 公式の時刻表現と会話での時刻表現を選んで言ってみましょう。

1) ( ) 2) ( ) 3) ( ) 4) ( ) 5) ( )

［公式の時刻表現］

A) Es ist elf Uhr fünfundfünfzig.

B) Es ist sieben Uhr dreißig.

C) Es ist zwölf Uhr fünf.

D) Es ist vier Uhr fünfundvierzig.

E) Es ist sechs Uhr fünfzehn.

［会話での時刻表現］

a) Es ist fünf vor zwölf.

b) Es ist Viertel vor fünf.

c) Es ist Viertel nach sechs.

d) Es ist halb acht.

e) Es ist fünf nach zwölf.

6. Wie spät ist es? ドイツ語で言ってみましょう。書いてみましょう。

1) 13:15　2) 19:05　3) 21:45　4) 14:30　5) 23:50

1) ［公式］＿＿＿＿＿＿＿＿＿＿＿＿＿＿＿＿＿＿＿＿＿＿＿＿＿＿＿＿＿

　　［会話］＿＿＿＿＿＿＿＿＿＿＿＿＿＿＿＿＿＿＿＿＿＿＿＿＿＿＿＿＿

2) ［公式］＿＿＿＿＿＿＿＿＿＿＿＿＿＿＿＿＿＿＿＿＿＿＿＿＿＿＿＿＿

　　［会話］＿＿＿＿＿＿＿＿＿＿＿＿＿＿＿＿＿＿＿＿＿＿＿＿＿＿＿＿＿

3) ［公式］＿＿＿＿＿＿＿＿＿＿＿＿＿＿＿＿＿＿＿＿＿＿＿＿＿＿＿＿＿

　　［会話］＿＿＿＿＿＿＿＿＿＿＿＿＿＿＿＿＿＿＿＿＿＿＿＿＿＿＿＿＿

4) ［公式］＿＿＿＿＿＿＿＿＿＿＿＿＿＿＿＿＿＿＿＿＿＿＿＿＿＿＿＿＿

　　［会話］＿＿＿＿＿＿＿＿＿＿＿＿＿＿＿＿＿＿＿＿＿＿＿＿＿＿＿＿＿

5) ［公式］＿＿＿＿＿＿＿＿＿＿＿＿＿＿＿＿＿＿＿＿＿＿＿＿＿＿＿＿＿

　　［会話］＿＿＿＿＿＿＿＿＿＿＿＿＿＿＿＿＿＿＿＿＿＿＿＿＿＿＿＿＿

Lektion 4

1. [   ]の単語を使って疑問文を作りましょう。それに対する答えの文を作りましょう。

1) [Herr Meier, Deutsch, sprechen]

_____ _____ _____ ?

— Nein, _____ _____ Fanzösisch.

2) [Anna, gut, Auto, fahren]

_____ _____ _____ _____ ?

— Ja, _____ _____ _____ _____ .

3) [ihr, heute, ins Museum, gehen]

_____ _____ _____ _____ ?

— Ja, _____ _____ _____ _____ .

4) [du, gern, Musik, hören] — [ich, gern, besonders, Mozart, hören]

_____ _____ _____ _____ ?

— Ja, _____ _____ _____ _____ .

5) [was, Taro, oft, sehen] —[er, oft, Baseballspiele, sehen]

_____ _____ _____ _____ ?

— _____ _____ _____ _____ .

2. 会話が成り立つように否定で答えましょう。

1) Liebst du Marco?

— Nein, _____ _____ _____ _____ .

2) Kocht Lisa?

— Nein, _____ _____ _____ .

3) Joggen Lisa und Klaus heute?

— Nein, _____ _____ _____ _____ .

4) Fährt Marco Auto?

   — Nein, _____ _____ _____ _____.

5) Spielt Herr Fischer gern Karten?

   — _____, _____ _____ _____ _____.

6) Übt Marie oft Gitarre?

   — _____, _____ _____ _____ _____.

7) Gehen Sie ins Theater?

   — _____, _____ _____ _____ _____.

8) Arbeitest du in Hamburg?

   — _____, _____ _____ _____ _____.

9) Seid ihr müde?

   — _____, _____ _____ _____.

10) Schwimmt sie gut?

   — _____, _____ _____ _____.

3. 会話が成り立つように答えの文を完成させましょう。

1) Sind Sie Herr Otake?

  — Nein, _____ _____ _____ Herr Otake,
    sondern Herr Tanaka.

2) Fährt Tim gut Rad?

  — Nein, _____ _____ _____ so gut Rad.

3) Geht ihr heute ins Konzert?

  — Nein, _____ _____ _____ heute ins Konzert,
    sondern morgen.

4) Machst du oft Sport?

  — Nein, _____ _____ _____ so oft Sport.

5) Sieht Emma gern Filme?

  — Nein, _____ _____ _____ so gern Filme.

4. 主語と動詞を補い、教科書 p14 Dialog の 1) Anna と 2) Taro を紹介する文を完成させましょう。3) 自分のことについて書いてみましょう。

1) Wie heißt sie?

Sie _____ Anna. Sie _____ sehr gern und _____ oft Filme. Aber _____ _____ nicht gern Fußball.

2) Wie heißt er?

Er _____ Taro. Er _____ sehr gern und _____ oft ins Kino. Und _____ _____ gern Sport. Er _____ besonders gern Fußball. Ah, und _____ _____ auch gern Rad.

3) Und Sie? Wie heißen Sie? Was machen Sie gern? Was machen Sie nicht gern?

_____

_____

_____

5. 次の質問に自分のことについて答えましょう。

1) Kommen Sie aus China?

— _____

2) Sprechen Sie gut Englisch?

— _____

3) Lernen Sie fleißig Deutsch?

— _____

4) Sind Sie reich?

— _____

5) Hören Sie oft Musik?

— _____

Lektion 5

1. 例にならって単語補い、文を完成させましょう。

例: Ostern ist im Frühling, im April.

1) Obon ist im _____, im _____.

2) Helloween ist im _____, im _____.

3) Muttertag ist im _____, im _____.

4) Weihnachten ist im _____, im _____.

5) Mein Geburtstag ist im _____, im _____.
   (mein Geburtstag = 英: *my birthday*)

2. ドイツ語で発音してみましょう。左から合うものを選びましょう。

1) am Morgen   ·   · a) 21.00 Uhr
2) vormittags   ·   · b) 12.00 Uhr
3) am Abend   ·   · c) 9.00 - 12.00 Uhr
4) nachts   ·   · d) 8.00 Uhr
5) am Mittag   ·   · e) 1.00 Uhr

3. [   ]の動詞を使って質問文と答えの文を完成させましょう。

[schlafen   treffen   essen   lesen   fahren   sehen]

1) Wann _____ er? — Er _____ immer um elf.

2) _____ du oft Kinofilme?

   — Ja, ich _____ oft Kinofilme.

3) _____ du manchmal Fisch?

   — Nein, ich _____ nie Fisch.

4) Wo _____ du Freunde?

   — Ich _____ sie meistens in Shibuya.

5) _____ du gern Zeitung?

   — Nein, ich _____ gern Zeitschriften.

14

4. 次の質問に自分のことについて答えましょう。

1) Bis wann schlafen Sie am Sonntag?

　— Ich ＿＿＿＿＿＿＿ meistens bis ＿＿＿＿ Uhr.

2) Von wann bis wann lernen Sie Deutsch?

　— Ich ＿＿＿＿＿ von ＿＿＿＿ bis ＿＿＿＿ Uhr Deutsch.

3) Um wie viel Uhr haben Sie Deutschunterricht?

　— Ich ＿＿＿＿＿ um ＿＿＿＿ Uhr Unterricht.

4) Wann gehen Sie ins Bett?

　— Ich ＿＿＿＿＿ ＿＿＿ ＿＿＿＿ Uhr ins Bett.

5) Um wie viel Uhr isst du zu Abend?

　— Ich ＿＿＿＿＿ ＿＿＿ ＿＿＿＿ Uhr zu Abend.

5. 会話が成り立つように答えの文を完成させましょう。

1) Wie oft hört Frau Bauer Musik?

　— Jeden Tag ＿＿＿＿＿＿ ＿＿＿＿＿ Musik.

2) Wann fliegen Herr und Frau Schurtz nach Okinawa?

　— Im August ＿＿＿＿＿＿ ＿＿＿＿＿ nach Okinawa.

3) Isst Herr Tanaka oft in Ginza?

　— Nein, ＿＿＿＿ ＿＿＿＿＿＿ selten in Ginza.

4) Fährt Klaus jeden Tag zur Uni?

　— Nein, nur am Mittwoch ＿＿＿＿＿＿ ＿＿＿＿ zur Uni.

5) Schläft Taro um elf?

　— Nein, um halb zwölf ＿＿＿＿＿＿ ＿＿＿＿ .

6. 次の質問に自分のことについて答えましょう。Was machen Sie am Wochenende?

Am Samstag ＿＿＿＿＿＿＿＿＿＿＿＿＿＿＿＿＿＿＿＿＿＿＿

＿＿＿＿＿＿＿＿＿＿＿＿＿＿＿＿＿＿＿＿＿＿＿＿＿＿＿＿＿

Am Sonntag ＿＿＿＿＿＿＿＿＿＿＿＿＿＿＿＿＿＿＿＿＿＿＿

＿＿＿＿＿＿＿＿＿＿＿＿＿＿＿＿＿＿＿＿＿＿＿＿＿＿＿＿＿

Lektion 6

1. 次の名詞にはどの定冠詞をつけますか？ 下の枠に入れましょう。

> Regenschirm   Zeitung   Taschentuch   Uhr   Heft   Kugelschreiber
> Handy   Rucksack   Brille   Tasche   Radiergummi   Auto

der	die	das

2. 反対の意味になる単語を書きましょう。

> unfreundlich   arm   dünn   sauer   langsam   dumm
> unpraktisch   langweillig   altmodisch   faul

1) praktisch ⇔ _____   2) reich ⇔ _____

3) freundlich ⇔ _____   4) süß ⇔ _____

5) klug ⇔ _____   6) dick ⇔ _____

7) schnell ⇔ _____   8) fleißig ⇔ _____

9) intressant ⇔ _____   10) modern ⇔ _____

3. 会話が成り立つように 2.の形容詞の中から適切な語を選んで入れましょう。

1) Ist Bill Gates arm?   — Nein, er ist sehr _____.

2) Ist die Zitrone süß?   — Nein, sie ist _____.

3) Ist der Film interessant? — Nein, er ist _____.

4) Ist die Kamera praktisch? — Nein, sie ist _____.

5) Sind die Schuhe modern?   — Nein, sie sind _____.

6) Ist die Schülerin faul?   — Nein, sie ist _____.

7) Ist der Esel klug?   — Nein, er ist ein bisschen _____.

8) Ist das Schwein dünn?   — Nein, es ist _____.

4. 不定冠詞［ein, eine］と代名詞［er, sie, es］を補いましょう。

1) Da steht _____ Baum. _____ ist groß.

2) Da liegt _____ Wörterbuch. _____ ist neu.

3) Das ist _____ Tasche. _____ ist schön.

4) Da hängt _____ Foto von Porsche. _____ ist prima.

5) Hier wohnt _____ Student und _____ Studentin. _____ sind Japaner.

5. 代名詞［er, sie, es］を補いましょう。

1) Wie heißt das Schwein? _____ heißt Susi. _____ hat viele
   Geschwister. _____ wohnen zusammen.

2) Die Tasche von Möbus kommt aus Deutschland. _____ ist nicht
   billig, aber _____ ist in. Ich glaube, _____ ist preiswert.

3) A: Ah, es gibt einen Teddybär aus Deutschland! Was kostet _____?

   B: _____ kostet 490 Euro.　　A: Was? Zu teuer!!

4) A: Das ist ein Käfer.　　B: Ein Insekt?

   A: Nein, das ist ein Auto. _____ heißt Käfer und ist von
   Volkswagen. _____ fährt und fährt.

6. 文の内容を複数形に変えましょう。

例：<u>Die Frau</u> **geht** gern einkaufen. → <u>Die Frauen</u> **gehen** gern einkaufen.

1) Der Zug fährt nach Berlin.　　→ _____

2) Wo ist ein Bleistift?　　→ _____

3) Das Mädchen schläft schon.　→ _____

4) Wann hat der Student Unterricht? → _____

5) Liest der Junge gern Mangas? → _____

Lektion 7

1. 不定冠詞 [einen, eine, ein] を補いましょう。

1) Ich kaufe _____ Regenschirm.
2) Das ist _____ Hemd.
3) Wir backen _____ Kuchen.
4) Das ist _____ Radiergummi.
5) Sie singen _____ Lied.
6) Wir haben morgen _____ Prüfung.

2. 前文に不定冠詞 [einen, eine, ein] と後文に定冠詞 [der, die, das] を補いましょう。必要のないところは×をつけましょう。

例: Ich habe <u>ein</u> Handy.   <u>Das</u> Handy ist neu.

1) Er hört abends immer _____ CD. _____ CD ist sehr interessant.

2) Heute suche ich _____ T-Shirt. _____ T-Shirt ist schick.

3) Er isst heute _____ zwei Würste. _____ Würste sind ein bisschen fettig.

4) Lea macht _____ Käsekuchen. _____ Kuchen ist lecker.

5) Peter trägt _____ Brille. _____ Brille kostet 75 Euro.

3. 定冠詞 [der, die, das , den] と代名詞 [er, sie, es] を補いましょう。

1) Mögen Sie _____ Ring? — Ja, _____ ist wunderschön.

2) Kennst du _____ Oper? — Nein. Wie heißt _____?

3) Sehen Sie _____ Mädchen da? — Ja, _____ ist süß.

4) Wie findest du _____ Roman? — _____ ist sehr interessant.

5) Holst du _____ Brezeln? — Ja, _____ schmecken gut.

4. 否定で答えましょう。

例： Essen Sie Reis? ― Nein, ich esse keinen Reis.

1) Ist das Zitronen-Eis? ― _____

2) Magst du Orangensaft? ― _____

3) Hast du Hunger? ― _____

4) Kaufen Sie heute Milch? ― _____

5) Sind das Kartoffeln? ― _____

6) Habt ihr Durst? ― _____

7) Trinken Sie morgens Kaffee? ― _____

8) Isst du im Winter Melone? ― _____

5. 否定冠詞 [keinen, keine, kein] か nicht を補い、文を完成させましょう。

1) Ich bestelle _____ Bier. Ich trinke _____ gern Bier.

2) Sie fährt _____ Rad. Sie mag gar _____ Sport.

3) Ich mag _____ Tiere(pl). Deshalb habe ich _____ Katze,

   _____ Hund und auch _____ Schwein.

4) Sie sind verheiratet, aber sie haben _____ Kinder.

5) Er ist Angestellter, aber er trägt _____ Anzug.

6) Ich mag den Politiker _____.　Er ist _____ populär.

Lektion 8

1. 次の質問に対する答えを選び、言ってみましょう。

1) Schmeckt der Käse?   a) Noch ein Stück, bitte.
2) Was kostet ein Stück Käsekuchen und ein Tee?   b) Ein Glas, bitte.
3) Bekommen Sie sonst noch etwas?   c) Nein, getrennt, bitte.
4) Bezahlen Sie zusammen?   d) Das macht zusammen 9,80 Euro.
5) Nehmen Sie ein Glas oder eine Flasche Cola?   e) Ja, er ist lecker.

2. 教科書 p25 の食べ物は下のどの単語と結びつきますか？枠に入れましょう。

ein Stück	eine Flasche	eine Tasse	eine Scheibe	eine Schüssel
Kuchen				

3. 不定冠詞 [einen, eine, ein] を補いましょう。必要のないところは×をつけましょう。

1) Nehmen Sie _____ Tasse Kaffee?

2) Kaufen Sie heute _____ Liter oder _____ zwei Liter Milch?

3) Wie viel kostet _____ Kännchen Tee?

4) Bekommen Sie noch _____ Scheibe Schinken?

5) Trinkt er samstags _____ Dose Bier?

6) Ich esse heute Abend _____ Scheibe Brot und _____
   Stück Käse. Und du?

7) _____ Flasche Mineralwasser ist zu viel. Ich nehme _____
   Glas Wasser.

8) Ich möchte noch _____ Becher Eis.

4. 不定冠詞 [einen, eine, ein] 定冠詞 [der, die, das, den] と代名詞 [er, sie, es] を補いましょう。

1) Anna:　　Wau, _____ Krug Bier ist sehr groß.

2) Patrick:　Ja, _____ kostet auch sehr viel. Ich habe aber Durst und

　　　　　　kaufe jetzt _____ Krug.

3) Hm, ich glaube, ich esse noch zwei Stück Schokolade. Aber _____

　haben viele Kalorien. Vielleicht esse ich heute nur _____ Stück.

4) _____ Kaffee ist zu stark. Ich trinke _____ Kaffee nicht.

　_____ schmeckt nicht.

5) Ich mag _____ Nudeln. Das sind Soba-Nudeln. Kennt ihr _____

　Nudeln? _____ kommen aus Japan. _____ sind sehr gesund.

5. 定冠詞 [der, die, das, den] と代名詞 [er, sie, es] を補いましょう。

1) _____ Füller ist ein Montblanc. _____ kommt auch aus Deutschland.

　_____ ist sehr teuer, aber _____ schreibt gut. Ich benutze _____
　Füller gern.

2) _____ Uhr kommt aus der Schweiz. _____ ist sehr schön, aber zu
　teuer. Leider kaufe ich _____ Uhr nicht.

3) _____ Buch heißt „Momo". _____ kommt aus Deutschland.

　Michael Ende schreibt _____ Roman. _____ ist sehr bekannt.

　Ich lese wiederholt _____ Buch.

4) _____ Sandalen heißen Birkenstock. _____ sind sehr bequem

　und gesund, deshalb trage ich _____ Sandalen oft.

5) _____ Porsche 911 ist wunderschön. _____ kommt aus Stuttgart.

　_____ ist schon sehr alt, aber ich finde _____ Porsche 911 ganz cool.

Lektion 9

1. 教科書 p33 の単語の中から適切な語を選んで入れましょう。

1) Mein Vati und meine Mutti sind meine _____.

2) Mein Opa und meine Oma sind meine _____.

3) Meine Großeltern haben einen Sohn. Er ist mein_____.

4) Ich habe einen Bruder und eine Schwester. Sie sind meine _____.

5) Elke hat ein Mädchen. Es ist ihre _____.

2. 所有冠詞 [Ihr, Ihre] を補い質問しましょう。その答えの文を完成させましょう。

例: Wie heißt **Ihre** Mutter? — **Meine** Mutter heißt Sigrid.

1) Woher kommt _____ Vater?

— _____ _____ _____ _____ Bonn.

2) Wo leben _____ Großeltern?

— _____ _____ _____ _____ Köln.

3) Was ist _____ Schwester von Beruf?

— _____ _____ _____ Studentin.

4) Ist _____ Tante Hausfrau?

— _____, _____ _____ _____ Hausfrau.

5) Arbeitet _____ Onkel als Taxifahrer?

— _____, _____ _____ _____ Lehrer.

3. 会話が成り立つように所有冠詞 [mein, meine, meinen, dein, deine, deinen] を用いて、文を完成させましょう。

例： A: **Mein** Auto ist sehr schnell. Wie ist **dein** Auto?

B: **Mein** <u>Auto ist</u> nicht schnell.

1) A: Das ist _____ Lieblingscafé. Wo ist _____ Lieblingscafé?

B: _____ Lieblingscafé ist das Domcafé.

2) A: _____ Vater ist sehr nett. Wie findest du _____ Vater?

B: _____ _____ ist ziemlich streng.

3) A: _____ Heimat ist in Deutschland. Und wo ist _____ Heimat?

B: _____ _____ _____ _____ Japan,

in Nagano.

4) A: Ich besuche _____ Großvater manchmal.

Triffst du _____ Großvater oft?

B: _____ , _____ _____ _____ _____

nicht so oft.

5) A: _____ Hausaufgaben sind fertig. Wann machst du _____

Hausaufgaben?

B: Ich mache _____ Hausaufgaben am Abend.

4. 所有冠詞を補い、文を完成させましょう。

1) Peter hat einen Bruder. _____ Bruder wohnt in München.

2) Wir haben eine Katze. _____ Katze ist schwarz.

3) Guten Tag, Frau Bauer! Wie ist _____ Adresse?

4) Herr Schmidt, ist das _____ Haus und _____ Garage?

5) Peter und Paula, ist das _____ Auto?

6) Du bist immer sehr elegant. _____ Kleid ist wirklich sehr hübsch.

7) Meine Eltern haben eine Wohnung. _____ Wohnung ist sehr groß.

8) Eva ist Modell. _____ Beine sind lang, und _____ Haar ist blond.

9) Ich habe einen Sohn. _____ Sohn spricht drei Sprachen.

5. 所有冠詞を補い、文を完成させましょう。

1) Wir brauchen das Radio nicht. Brauchst du _____ Radio?

2) Er hat eine Tochter. Kennt ihr _____ Tochter?

3) Sie hat Sorgen. Verstehst du _____ Sorgen?　　*Sorgen (pl)

4) Was suchen Sie? Suchen Sie _____ Ring?

5) Ich arbeite schon lange als Koch. Ich finde _____ Beruf interessant.

6. あなたは旅行に行くときに何を持って行きますか？ 必要なものを４つ選んで所有冠詞 [mein, meine, meinen] を補って言ってみましょう。

> Pullover (m)　Wanderschuhe (pl)　Handschuhe (pl)　Pass (m)
> Schneebrille (f)　Sonnenbrille (f)　Opernglas (n)　Krawatte (f)
> Anzug (m)　Badeanzug(m)　Badehose (f)　Reiseführer (m)
> Abendkleid (n)　Ohrring (m)　Kamera (f)　Sonnencreme(f)

1) Wir machen eine Reise nach Hokkaido und ich brauche _____,

_____, _____ und _____.

2) Wir machen eine Reise nach Hawaii und ich brauche _____,

_____, _____ und _____.

3) Wir machen eine Reise nach Wien und ich brauche_____,

_____, _____ und _____.

24

Lektion 10

1. [   ] の単語を使って疑問文とそれに対する答えの文を作りましょう。

1) [kommen, ich, zur Schule, wie] / [gehen, entlang, Sie, hier]

_____ _____ _____ _____ ?

— _____ _____ _____ _____ !

2) [es, Japan, ein Haribo-Geschäft, gibt, in] / [nein, gibt, das, leider, es, ~~nicht~~]

_____ _____ ____ _____ _____ ?

— _____, _____ _____ _____ _____ nicht.

3) [ein Geldautomat(ATM), sein, hier, wo] / [Sie, geradeaus, laufen, einige Meter]

_____ _____ _____ _____ ?

— _____ _____ _____ _____ _____ !

4) [in der Nähe, sein, der Bahnhof] / [ja, er, rechts, direkt hier, liegen]

_____ _____ _____ _____ ?

— _____, _____ _____ _____ _____ .

5) [Sie, dort, sehen, die Bank] / [ja, links, sein, sie, gleich da]

_____ _____ _____ _____ ?

— _____, _____ _____ _____ _____ .

6) [Entschuldigung, sein, der Marktplatz, wo] / [ein Stück, hier, Sie, gehen, geradeaus]

_____, _____ _____ _____ ?

— _____ _____ _____ _____ _____ !

2. 変化を注意すべき命令形です。枠に入れてみましょう。

	warten	essen	lesen	nehmen	sein*
意味	待つ				
du に対して	Warte!				Sei!
ihr に対して	Wartet!				Seid!
Sie に対して	Warten Sie!				Seien Sie!

3. [　　] の動詞を使って Sie に対する命令文を作りましょう。

_____ _____ da rechts, dann _____ in die
　　[gehen]　　　　　　　　　　　　　　　　　　[biegen]

Glöcknergasse und _____ bis zum Supermarkt. Hier
　　　　　　　　　　　　[gehen]

_____ _____ links in die Wiedenstraße. Da ist das Rathaus.
　[biegen]

4. 動詞を命令形にして入れ、文を完成させましょう。

1) Peter, _____ bitte Brot! (kaufen)

2) Es ist schon spät. Ich bleibe noch. Gehst du nach Hause? Dann _____
   doch ein Taxi! (nehmen)

3) Sie haben Fieber. _____ Sie bitte Medizin und _____
   Sie! (nehmen) (schlafen)

4) Kinder, _____ mal schnell! (essen)

5) Du isst und isst. Du wirst ganz dick. _____ doch mal Sport!
   (machen)

6) _____ bitte den Text, Sabine! (lesen)

7) Thomas, _____ bitte eine Maske! (tragen)

8) _____, Elke! (warten) _____ doch mal! (sehen)

9) Ben und Tim, _____ bitte leise! (sein)

10) Bitte _____ Sie langsam! (sprechen)

5. 2つの名詞をくっつけて合成語を作り、定冠詞をつけて書きましょう。どんな意味になるでしょう。

例： Apfel (*m*) + Schorle (*f*) = <u>die Apfelschorle</u>

1) Kinder (*pl*) + Garten (*m*) = _____

2) Bus (*m*) + Ticket (*n*) = _____

3) Baum (*m*) + Kuchen (*m*) = _____

4) Ohr (*n*) + Ring (*m*) = _____

5) Haus (*n*) + Frau (*f*) = _____

6) Reise (*f*) + Führer (*m*) = _____

7) Sonne (*f*) + Brille (*f*) = _____

8) Haus (*n*) + Aufgabe (*f*) = _____

9) Fußball (*m*) + Spiel (*n*) = _____

10) Milch (*f*) + Reis (*m*) = _____

単語をマスターしよう！

◆動詞	意味	発音	◆疑問詞	意味	発音
arbeiten			wer		
singen			◆名詞		
tanzen			Beruf		
reisen			◆接続詞		
sein			und		
◆副詞			aber		
gern			denn		

Übung 2　sein 動詞を変化させ必要な単語を補い、ドイツ語の文を作りましょう。ペア練習しましょう。

1. A: Herr Tanaka, was _____ Sie von Beruf?　田中さん、あなたのご職業は何ですか？
   B: _____ _____ Angestellter.　私は会社員です。

2. A: Was _____ Marc und Inge?　マルクとインゲの職業は何ですか？
   B: _____ Lehrer.　彼らは教師です。

3. A: _____ Anna Deutsche?　アナはドイツ人ですか？
   B: _____ , _____ _____ Österreicherin.　いいえ、彼女はオーストリア人です。

4. A: _____ Student?　君は大学生？
   B: Nein, _____ noch Schüler.　いいえ、私はまだ生徒だよ。

5. A: Wo _____ ihr?　B: Hier _____ wir!　どこに君達はいるの？ 私達はここだよ！

Text　訳しましょう。◀ 22

Das sind Maria und Alex.
Alex ist Schweizer, aber er wohnt jetzt in Deutschland.
Maria wohnt auch in Deutschland, aber sie ist Italienerin.
Sie tanzen sehr gut, denn sie sind Tänzer. Tanzt du auch?

Ich werde Köchin!

Wortschatz ◀ 23　Berufe: 職業 2　男性形 / 女性形

Ingenieur / Ingenieurin エンジニア　　Sekretär / Sekretärin 秘書

Anwalt / Anwältin 弁護士　　Koch / Köchin 料理人　　Tänzer / Tänzerin ダンサー

Sänger / Sängerin 歌手

1～6の人物になり、互いに質問し合いましょう。その後、インタビューする人に
答える形で1～6の人物を紹介しましょう。

Toi! Toi! Toi!

1 Marie

- Herkunft Frankreich, Paris
- Wohnort Österreich, Wien
- Beruf Kellnerin
- Arbeitsort Wien

4 Marco

- Herkunft Spanien, Barcelona
- Wohnort Frankfurt
- Beruf Angestellter
- Arbeitsort Frankfurt

2 Lisa

- Herkunft Italien, Florenz
- Wohnort Berlin
- Beruf Studentin
- Studienfach Architektur

5 Klaus

- Herkunft Hamburg
- Wohnort Tokyo
- Beruf Student
- Studienfach Jura

3 Inge Bauer

Guten Tag!

- Herkunft München
- Wohnort Zürich
- Beruf Lehrerin
- Arbeitsort Zürich

6 Thomas Fischer

- Herkunft Stuttgart
- Wohnort Bonn
- Beruf Arzt
- Arbeitsort Köln

1 Marie 🔊 24   I : Interviewer

Ich : Wie heißt du?	Marie : Ich heiße <u>Marie</u>.
Ich : Woher kommst du?	Marie : Ich komme aus <u>Frankreich</u>, aus <u>Paris</u>.
Ich : Wo wohnst du?	Marie : Ich wohne in <u>Österreich</u>, in <u>Wien</u>.
Ich : Was bist du von Beruf?	Marie : Ich bin <u>Kellnerin</u>.
Ich : Wo arbeitest du?	Marie : Ich arbeite in <u>Wien</u>.

I : Wer ist das?	Ich : Das ist <u>Marie</u>.
I : Woher kommt <u>Marie</u>?	Ich : <u>Sie</u> kommt aus <u>Frankreich</u>, aus <u>Paris</u>.
I : Wo wohnt <u>Marie</u>?	Ich : <u>Sie</u> wohnt in <u>Österreich</u>, in <u>Wien</u>.
I : Was ist <u>Marie</u> von Beruf?	Ich : <u>Sie</u> ist <u>Kellnerin</u>.
I : Wo arbeitet <u>Marie</u>?	Ich : <u>Sie</u> arbeitet in <u>Wien</u>.

3

Wie geht's? Wie spät ist es? Wie alt sind Sie?

✳ 体調を表す表現 ◀25

| Gut. | Sehr gut. | Nicht so gut. | Es geht. |

吹き出しに合う言葉を
選んで書きましょう！

✳ 時計とカレンダー ◀26

12	
11	Dezember
10	November
9	Oktober
8	September
7	August
6	Juli
5	Juni
4	Mai
3	April
2	März
1	Februar

1	Januar					2021	
KW	Mo	Di	Mi	Do	Fr	Sa	So
53					1	2	3
1	4	5	6	7	8	9	10
2	11	12	13	14	15	16	17
3	18	19	20	21	22	23	24
4	25	26	27	28	29	30	31

Dialog 1　　　　　　　お元気ですか？

◀ 27

Guten Tag, Herr Tanaka! Wie geht es Ihnen?

Guten Tag, Frau Meier! Danke, es geht mir <u>sehr gut</u>. Und Ihnen?

Danke, aber es geht mir <u>nicht so gut</u>.

Hallo, Anna.

Hallo, Taro. Wie geht's dir?

<u>Gut</u>, danke. Und dir?

<u>Es geht</u>.

＊代名詞（1人称、2人称）の変化

	私	あなた / あなた方	君
主語	ich	Sie	du
目的語	mir	Ihnen	dir

＊ es を使った熟語　　ドイツ語のルール

・**Es geht** 目的語 様態 .（体調を表す）

・**Es ist** 数字（Uhr）.（時刻を表す）

Dialog 2　　　　　　　何歳ですか？

◀ 28

Wie alt sind Sie?

Ich bin vierundzwanzig Jahre alt.

Wie alt bin ich?

Wie alt bist du?

Ich bin zwanzig. Ich werde im August einundzwanzig.

Dialog 3　　　　　　　何時ですか？

◀ 29

＊公式の時刻表現

Wie spät ist es?

Wie viel Uhr ist es?

16.00　Es ist sechzehn Uhr.
16.10　Es ist sechzehn Uhr zehn.
16.15　Es ist ....
16.30　Es ist ....
16.45　Es ist ....
16.55　Es ist ....

＊会話での時刻表現

Es ist vier. (4 Uhr)
Es ist zehn nach vier. (4 Uhr 10)
Es ist Viertel nach vier. (4 Uhr 15)
Es ist halb fünf. (4 Uhr 30)
Es ist Viertel vor fünf. (4 Uhr 45)
Es ist fünf vor fünf. (4 Uhr 55)

✏️ 単語をマスターしよう！

	意味	発音	◆疑問詞	意味	発音
gut			Wie alt		
Jahr,-e			Wie spät		
vor			Wie viel Uhr		
nach			wann		
halb			◆動詞		
Viertel			werden		

Übung 1

1. 時間を聞き取り、公式の時刻表現で書きましょう。 🔊 30

a) .... Uhr　b) .... Uhr　c) .... Uhr

d) .... Uhr　e) .... Uhr　f) .... Uhr

2. 時間を聞き取り、会話での時刻表現で書きましょう。 🔊 31

a) ....　b) ....　c) ....

d) ....　e) ....　f) ....

3. 2. の会話での時刻表現を、公式の時刻表現にしましょう。

a) .... Uhr　b) .... Uhr　c) .... Uhr

d) .... Uhr　e) .... Uhr　f) .... Uhr

Übung 2　ドイツ語の文を作りましょう。ペア練習しましょう。

1. A: .... ist Taro?　タローは何歳ですか？

　B: .... neunzehn ....　彼は 19 歳です。

2. A: .... ist Frau Bauer?　バウアーさんは何歳ですか？

　B: ....　彼女は 28 歳です。

3. A: Wann .... Muttertag?　B: Muttertag ist im ....　母の日はいつですか？ 母の日は 5 月です。

4. A: Wann .... Vatertag?　B: Vatertag ist im ....　父の日はいつですか？ 父の日は 6 月です。

> Und?!
> Alles klar!

Wortschatz 🔊 32 体調を表す表現

Es geht mir ....

nicht gut	nicht so gut		gut	sehr gut
schlecht			ganz gut	ausgezeichnet
miserabel	so lala		okay	fantastisch
				super
	nicht so toll	[Es geht.]		toll

Information

ドイツの年齢制限について

ドイツの成人年齢は、18 歳です。

普通乗用車の運転免許取得は 18 歳からでしたが、近年 17 歳から取得できるようになりました。ただし 17 歳で免許を取得した場合、18 歳になるまでは必ず車の助手席に 5 年以上の運転の経験者、または 30 歳以上である同伴者を乗せなければならないという条件がつきます。

ドイツでは、16 歳でビール、ワイン、シャンパンなどの度数の低いアルコールの飲酒が認められています。ただし、親と一緒であれば 14 歳からもこれらの飲酒は可能です。

コンサートやディスコなどへの参加は、14 歳以上 18 歳未満であれば 24 時まで親などの同伴者なしで認められています。14 歳未満の子は 22 時までとなっています。

このように年齢制限一つみても、ドイツは、何事も法律で事細かく規定され、その厳守が求められる社会といえます。

Was machst du gern?

🔊 33

sehen

Filme　　Fußballspiele

hören

Rockmusik　　Klassik

Romane

lesen　　Comics

Zeitung

spazieren　　einkaufen

Auto　　Rad

Klavier

Geige　　Karten

Computerspiele

spielen

Fußball　　Baseball　　Tischtennis

gehen

ins Kino　　ins Konzert　　ins Museum

fahren

Ski

Sport　　Judo

machen

joggen　　schwimmen　　singen　　tanzen　　reisen　　kochen　　backen

上の動詞を使った
熟語表現を
書きましょう！

Zeitung lesen	新聞を読む	Klavier spielen	ピアノを弾く
	小説を読む		サッカーをする
	クラッシックを聴く		ゲームをする
	音楽を聴く		自転車に乗る（サイクリングする）
	映画を観る		運転（ドライブ）する
	サッカーの試合を観る		散歩する
	スポーツをする		映画を観に行く

動詞の形　語順

代名詞・動詞の変化1

es を使った熟語

動詞の変化2　否定文

時刻を表す前置詞

名詞の性・複数形

名詞（主語・目的語）否定冠詞の否定文

不可算名詞

所有冠詞

命令形

Dialog   何をするのが好き？

🔊34

T : Hallo Anna!

A : Ah, du!

T : Du lernst sehr viel. Hast du auch Hobbys?
　　Was machst du denn gern?

A : Ich lese sehr gern und sehe oft Filme.
　　Und du? Liest du gern?

T : Ja, total! Ich lese gern Haruki Murakami und gehe oft ins Kino.
　　Und ich mache auch gern Sport. Ich spiele besonders gern Fußball.

A : Ich spiele nicht gern Fußball. Fährst du gern Rad?

T : Ja, das mache ich gern. Hast du Zeit? Fahren wir heute Rad?

> Ich gehe nach Disneyland.
> Ich fahre „Splash Mountain".
> Ich spreche mit Micky Mouse.
> Ich sehe Goofy.
> ⋮

＊熟語表現の文 🔊35
ドイツ語のルール

変化した動詞　　　　　熟語を作るもの

Klavier spielen　ピアノを弾く　《平叙文》Ich　spiele　manchmal　Klavier．
　　　　　　　　　　　　　　　　　　　　2番目　　　　　　　　文末

＊動詞の人称変化［不規則変化］　主語が du と er, sie, es の時、不規則になる動詞があります。　🔊36

主　語		gehen	fahren	sprechen	sehen	lesen	haben	werden
［単］1人称	ich							
2人称	du						hast	wirst
3人称	er, sie, es						hat	wird
［複］1人称	wir							
2人称	ihr							
3人称／2人称	sie/Sie							

Übung　動詞を変化させドイツ語の文を作りましょう。ペア練習しましょう。

1. A: .... du gern ....?　　君はサッカーの試合を観るのは好き？

   B: Ja, ... gern Fußballspiele und .... oft ....

   　　　　　　はい、私はサッカーの試合を観るのは好きでよくサッカーをする。

2. A: .... du gern Rad?　　君はサイクリングをするは好き？

   B: Ja, ich sehe gern Tour de France und .... oft ....

   　　　　　　はい、ツールドフランスを観るのが好きでよくサイクリングする。

3. A: .... Anna ....?　　アナは何をするのが好き？

   B: .... gern Romane und .... oft ....

   　　　　　　彼女は小説読むのが好きで映画をよく観ます。

4. A: .... Taro gern ....?　　タローはスポーツするのが好きですか？

   B: Ja, ... besonders gern ....　　はい、彼はスキーするのが特に好きだ。

🖊 単語をマスターしよう！

◆動詞	意味	発音	◆名詞	意味	発音
spielen			Hobby		
*lesen			Zeit		
hören			◆副詞		
*sehen			gern		
gehen			heute		
*fahren			morgen		

* 不規則変化

---

*否定文　nicht を使う　🔊37　　　　　　　　　　　　ドイツ語のルール

♠ nicht を文末に置く…全文否定

　　　Er kommt heute　nicht　. 彼は今日来ない。　　　　Er tanzt　nicht　. 彼はダンスをしません。

♠ nicht を否定したい語の直前に置く…部分否定

　　　Er kommt　nicht　heute, sondern morgen.　　heute の否定

[副詞] の否定　　　Er tanzt　nicht　gern.　　　　gern の否定

[熟語] の否定　　　Er kommt　nicht　aus Japan.　　aus Japan kommen の否定

　　　　　　　Ich spiele　nicht　Klavier.　　　Klavier spielen の否定

[sein + 述語] の否定　Er ist　nicht　krank.　　　krank sein の否定

Übung　ドイツ語の文を作りましょう。

1. ＿＿＿＿＿＿＿　＿＿＿＿＿＿＿　＿＿＿＿＿＿＿.　　　　彼女はヴァイオリンを演奏します。

2. ➡ 否定文 ＿＿＿＿＿　＿＿＿＿＿＿＿　＿＿＿＿＿＿.　　彼女はヴァイオリンを演奏しません。

3. ＿＿＿＿＿＿＿＿＿ ins ＿＿＿＿＿＿.　　　　彼は映画を観に行きます。

4. ➡ 否定文 ＿＿＿＿＿＿＿＿＿＿＿＿＿＿＿.　　　彼は映画を観に行きません。

5. ＿＿＿＿＿＿＿ gern DVDs.　　　　彼女は DVD を観るのは好きです。

6. ➡ 否定文 ＿＿＿＿＿＿＿　＿＿＿＿＿ DVDs.　　彼女は DVD を観るのは好きではない。

7. A: ＿＿＿＿＿＿＿＿＿ Auto?　　　　君は車を運転しますか？

8. B: ＿＿＿＿＿,　＿＿＿＿＿　＿＿＿＿＿　＿＿＿＿＿.　　いいえ、私は車を運転しません。

Wortschatz ◀38 趣味・好きな事を表す表現

> Ich faulenze gern.
> Faulenzt du auch gern?

malen 絵を描く　　fotografieren 写真を撮る　　im Internet surfen ネットを見る

chatten チャットをする　　basteln 工作する　　in die Karaoke-Bar gehen カラオケに行く

ins Fitnessstudio gehen スポーツジムに行く　　in die Disko gehen ディスコに行く

Rätsel lösen クロスワードパズルをする　　ins Theater gehen 観劇に行く

in die Oper gehen オペラを観に行く　　faulenzen のんびり過ごす

chillen / relaxen / entspannen リラックスする

Information

ドイツ人の趣味・余暇の過ごし方

ドイツ人の家は、窓辺に花を飾ったり、庭もベランダも花や植物があふれていてとても美しく手入れがゆきとどいています。ドイツ人の趣味で上位に入るのは、ガーデニング：Gartenarbeit と DIY です。丹精込めて作った素敵な庭を公開する人もいるくらいです。自宅に庭がない場合には日本の市民農園のように Kleingarten (Schrebergarten) と言われる庭を郊外に借りてガーデニングを楽しむ人も多くいるようです。DIY：Einfache Reparaturarbeiten では、ちょっとした家の修理やリフォーム、壁のペンキ塗りなどは業者に依頼せずに、自分たちで行います。自宅にプロ並みの大工道具や機械を備えている人もたくさんいます。

ドイツ人にとって手軽で人気のある休日の過ごし方は、森の中を歩くこと：wandern です。ドイツの街は周囲を森に囲まれている所が多いので、森は身近にあり、林道がよく整備されています。日本の登山とは違い、ゆるやかな林道を歩く wandern は老若男女を問わず、家族や友人たちと一緒に楽しめます。また森の中でジョギングやサイクリングをしたり、乗馬：reiten を楽しんでいる人達もいます。乗馬は最近の若い女の子にも人気があります。森の民と言われるドイツ人らしい趣味だといえます。

5 Was machst du heute?

Jahr/Monat ◀ 39

Im wunderschönen
Monat Mai!

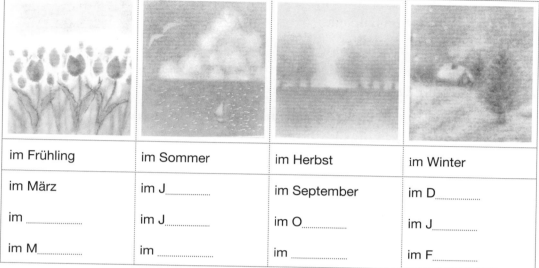

im Frühling	im Sommer	im Herbst	im Winter
im März	im J...............	im September	im D...............
im	im J...............	im O...............	im J...............
im M...............	im	im	im F...............

p.9 を見て月の名前を
完成させましょう！

Woche ◀ 40

Mo	Di	Mi	Do	Fr	Sa	So
am Montag	am Dienstag	am Mittwoch	am Donnerstag	am Freitag	am Samstag	am Sonntag
wochentags					am Wochenende	

Tag ◀ 41

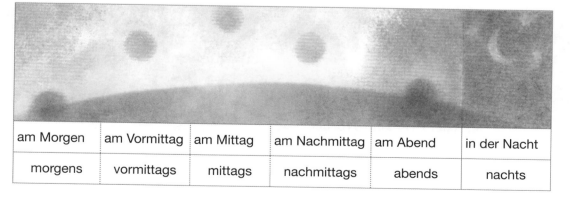

am Morgen	am Vormittag	am Mittag	am Nachmittag	am Abend	in der Nacht
morgens	vormittags	mittags	nachmittags	abends	nachts

A : Anna
T : Taro

🔊42

A : Hallo, Taro! Hier ist Anna. Was machst du?

T : Ich frühstücke jetzt.

A : Jetzt?! Es ist schon halb elf.

T : Ich schlafe am Wochenende immer bis zehn. Dann treffe ich
jede Woche um elf Freunde und wir spielen Fußball.
Am Nachmittag jobbe ich von zwei bis sechs im Café.

A : Hast du am Abend Zeit? Ich gehe heute Abend ins Konzert.
Hörst du gern Rockmusik? Kommst du auch?

T : Ja, gern. Wann beginnt das Konzert?

A : Um halb acht. Tja, dann treffen wir uns um Viertel nach sieben.

T : Gut, bis dann! Tschüs!

♠毎〜 🔊43

Tag	Woche	Sonntag	Monat
jeden Tag	jede Woche	jeden Sonntag	jeden Monat
毎日			

♠時間を表す表現 ☆前置詞　☆副詞

vor	〜の前	jetzt	
nach	〜の後、過ぎ	heute	
von...bis...	〜から、まで	morgen	
um 時刻	〜に	oft	
im 季節/月	〜に	manchmal	
am 日/週	〜に	immer	

♠不規則変化 🔊44

ドイツ語のルール

	schlaf**en**	treff**en**	ess**en**
意味			
ich			
du			
er, sie, es			
wir			
ihr			
sie/Sie			

Übung 1　質問に答えましょう。

1. Wann isst Taro Frühstück?

2. Bis wann schläft Taro am Wochenende?

3. Wann trifft Taro Freunde?

4. Von wann bis wann jobbt Taro?

5. Um wie viel Uhr beginnt das Konzert?

✏ 単語をマスターしよう！

◆熟語	意味	◆熟語	意味	
Freunde treffen		in der Mensa	学食で	
zu Mittag essen		zu Hause	家で	
zu Abend essen		im Café	カフェで	
zur Uni fahren		ins Stadion gehen	スタジアムに観戦に行く	
nach Hause gehen		in die Karaoke-Bar gehen	カラオケに行く	
ins Bett gehen		◆動詞	意味	発音
tanzen gehen		jobben		
Unterricht haben		beginnen		
frei haben	休みである	frühstücken		

◀ 45 **Text**　マルコの一週間のスケジュール；訳してみましょう！

	Vormittag	Nachmittag
Mo	*Uni*	*Tennis*
Di		*Deutsch*
Mi		*Tennis*
Do		
Fr		*jobben*
Sa	*einkaufen*	*jobben*
So		*Freunde*

Von Montag bis Donnerstag fahre ich zur Uni und esse mit Freunden in der Mensa zu Mittag. Am Montag und Mittwoch spiele ich am Abend Tennis. Am Dienstag habe ich Deutschunterricht. Dann gehe ich gleich nach Hause und am Abend lerne ich zu Hause Deutsch. Am Freitag und Samstag jobbe ich nachmittags im Café. Am Samstag gehe ich vormittags einkaufen. Am Abend koche ich immer und esse zu Hause zu Abend. Am Sonntag habe ich meistens frei. Am Morgen gehe ich manchmal spazieren. Am Nachmittag treffe ich im Café Freunde, und dann gehen wir oft tanzen, in die Karaoke-Bar oder ins Fußballstadion.

Übung 2　Text を読んで質問に答えましょう。

1. Wo isst Marco von Montag bis Donnerstag zu Mittag?（彼は昼食を学食で食べます。）

2. Wann hat Marco Deutschunterricht?

3. Was macht Marco am Samstagvormittag?

4. Wo jobbt Marco?

5. Jobbt Marco am Sonntagnachmittag?

ペア練習 😊😀

① 時刻を尋ねて、2つの時刻表現で答えましょう。

1.	20.50	2.	23.45	3.	18.05
4.	17.55	5.	21.15	6.	17.10

② 絵を見て、Lisa と Klaus が何時に…しますかと問い、それに会話での時刻表現で答えましょう。

1. Lisa 7.30	2. Lisa 12.30	3. Lisa 15.30
zur Uni fahren	zu Mittag essen	einkaufen gehen
4. Klaus 8.30	5. Klaus 17.30	6. Klaus 18.30
Unterricht haben	Freunde treffen	Fußballspiele sehen

🔊 46

① 1. A: Entschuldigung! Wie spät ist es?

B: Es ist <u>zwanzig Uhr fünfzig</u>. [公式]

Es ist <u>zehn vor neun</u>. [会話]

② 1. A: Um wie viel Uhr fährt Lisa zur Uni?

B: <u>Um halb acht</u> fährt sie zur Uni. [会話]

Wortschatz 🔊 47 頻度を表す副詞

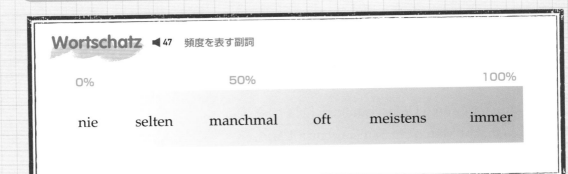

0%	50%	100%

nie   selten   manchmal   oft   meistens   immer

6 Wie heißt das auf Deutsch?

Regenschirm	Uhr	Handy
Zeitung	Heft	Rucksack
Taschentuch	Kugelschreiber	Brille

左の単語を辞書で引き、名詞の性と複数形を調べて、絵の下に定冠詞を付けて名詞を書きましょう！

◀ 48

1.

単数形 ....

複数形 ....

2.

3.

4.

単数形 ....

複数形 ....

5.

6.

7.
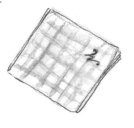

単数形 ....

複数形 ....

8.
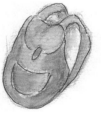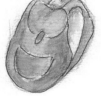

9.

◀ 49　1.　A : Wie heißt „KEITAI"auf Deutsch?

　　　B : „Handy". Das ist ein Handy.

　　　A : Ist das Handy neu?

　　　B : Nein, <u>es</u> ist <u>alt</u>.

2.　A : Wie heißt „TOKEI"auf Deutsch?

　　B : „＿＿＿＿＿＿". Das ist ＿＿＿＿ ＿＿＿＿.

　　A : Ist ＿＿＿＿ ＿＿＿＿ praktisch?

　　B : Nein, ＿＿＿＿ ist ＿＿＿＿.

3.　A : Wie heißt „MEGANE"auf Deutsch?

　　B : „＿＿＿＿". Das ist ＿＿＿＿.

　　A : Ist ＿＿＿＿ ＿＿＿＿ teuer?

　　B : Nein, ＿＿＿＿ ist ＿＿＿＿.

4.　A : Wie heißt „KASA"auf Deutsch?

　　B : „＿＿＿＿". Das ist ＿＿＿＿.

　　A : Ist ＿＿＿＿ ＿＿＿＿ neu?

　　B : Nein, ＿＿＿＿ ist ＿＿＿＿.

5.　A : Wie heißt „BACKPACK"auf Deutsch?

　　B : „＿＿＿＿". Das ist ＿＿＿＿.

　　A : Ist ＿＿＿＿ ＿＿＿＿ schwer?

　　B : Nein, ＿＿＿＿ ＿＿＿＿.

6.　A : Wie heißt „NOTEBOOK"auf Deutsch?

　　B : „＿＿＿＿". Das ist ＿＿＿＿ ＿＿＿＿.

　　A : Ist ＿＿＿＿ ＿＿＿＿ gut?

　　B : Nein, ＿＿＿＿ ＿＿＿＿.

ドイツ語のルール　◀ 50

＊名詞の種類によって、名詞につける冠詞や名詞の代わりになる代名詞の形が違います。

	男性名詞 *m.*	女性名詞 *f.*	中性名詞 *n.*	複数形 *pl.*
定冠詞＋名詞	der　Tisch その　机	die　Uhr その　時計	das　Buch その　本	die　Bücher それらの　本
不定冠詞＋名詞	ein　Tisch （一つの）机	eine　Uhr （一つの）時計	ein　Buch （一冊の）本	Bücher （何冊かの）本
代名詞（3人称）	er それは	sie それは	es それは	sie それらは

✏ 単語をマスターしよう！［形容詞］　反対の意味になる形容詞を選び書きましょう。

lang	alt	klein	schlecht

◀ 51

unpraktisch	leicht	billig	krank	interessant

gut	↔	teuer	↔	schwer	↔
neu / jung	↔	gesund	↔	praktisch	↔
groß	↔	kurz	↔	langweilig	↔

Wie heißt „Hunger"
auf Japanisch?

単語をマスターしよう！

◆動詞	意味	発音
kaufen		
geben		
*es gibt		

gebenの人称変化

ich	geb**e**	wir	geb**en**
du	gib**st**	ihr	geb**t**
er, sie, es	gi**bt**	sie/Sie	geb**en**

Gibt es heute Pizza, Spaghetti oder Ramen?

＊複数形を辞書で調べて書きましょう。

–	Kugelschreiber →	Messer →
¨	Apfel →	Vater →
–er	Kind →	Bild →
¨er	Taschentuch →	Buch →
–e	Heft →	Regenschirm →
¨e	Rucksack →	Baum →
–(e)n	Uhr →	Brille →
–s	Handy →	Auto →

1.

2.

3.

4.

Übung 1　（　）の名詞を複数形にして入れ、質問文に右上の絵を見て答えましょう。

1. Hat Frau Meier drei _____? – Nein, sie hat _____ _____. (Kind)

2. Wie viele _____ kaufst du? – Ich kaufe _____ _____. (Messer)

3. Gibt es dort _____? – Ja, dort gibt es _____ _____. (Baum)

4. Gibt es dort _____? – Ja, dort gibt es _____ _____. (Haus)

Übung 2　定冠詞と代名詞を入れ、文を作りましょう。ペア練習しましょう。

1. A: Ist _____ Zeitung interessant?　B: – Ja, _____ ist interssant.
   その新聞は面白いですか？　　　　　　　　　　　－はい、それは面白いです。

2. A: Ist _____ Taschentuch neu?　B: – Nein, _____ ist alt.
   そのハンカチは新しいの？　　　　　　　　　　　－いいえ、それは古いです。

3. A: Ist _____ Kugelschreiber neu?　B: – Nein, _____ ist nicht neu.
   そのボールペンは新しいの？　　　　　　　　　　－いいえ、それは新しくないです。

4. A: Sind _____ Kinder krank?　B: – Nein, _____ sind gesund.
   その子供達は病気なの？　　　　　　　　　　　　－いいえ、彼らは健康です。

Die ＿＿＿＿＿＿＿ kommen aus Deutschland.
[*f.* Sandale,-n]

Die ＿＿＿＿＿＿＿ kommen aus Deutschland.
[*m.* Sportschuh,-e]

Die ＿＿＿＿＿＿＿ kommen aus Deutschland.
[*n.* Auto,-s]

BMW
Porche
Mercedes Audi

Die ＿＿＿＿＿＿＿ kommen aus Deutschland.
[*f.* Tasche,-n]

eine ? die ? der ?
ein ? die ? das ?

Aigner

Information

名詞の性について

名詞の性をもった言語はドイツ語だけではありません。文法上の性は言語によっても違います。「太陽」は、ドイツ語では die Sonne 女性名詞、フランス語（男性、女性のみ）の soleil ソレイユ は男性名詞、ロシア語（ドイツ語と同様３つの性）の солнце ソンツェ は中性名詞です。「月」は、ドイツ語で der Mond 男性名詞、フランス語の lune リュンヌ は女性名詞、ロシア語の луна ルナー は女性名詞です。

ドイツ語の名詞の性は、基本的にその都度覚えるしかないのですが、性の見分け方としては、語尾で性の判別ができるものもあります。

例えば：-ling → ［男性］　-heit, -keit → ［女性］　-chen → ［中性］

その他に名詞の種類によって性が決まっているものもあります。ただし例外もあります。

　　四季・月・曜日：[すべて男性]（参照 Lektion 5 p.17）

　　気象：[男性] Regen 雨　Schnee 雪　Hagel 霰　Nebel 霧　Donner 雷　など

　　語尾に -er がつく道具や機械：[男性] Computer, Wecker 目覚まし時計

　　果物：[女性] Ananas パイナップル　Kiwi キウィ　Mango マンゴー　* 例外 Apfel（男性）

　　金属：[中性] Gold 金　Silber 銀　Eisen 鉄　など

また、意味によって性が異なる名詞もあります。

　　der See 湖　der Moment 瞬間　die Band 音楽バンド　　　der Leiter リーダー
　　die See 海　das Moment 契機　das Band リボン、テープ　die Leiter はしご

Was isst du gern? Was isst du nicht gern?

◀ 53 **Essen und Trinken** | Getränke | Obst | Brot | Gemüse

次の単語を絵の中の
カードに書きましょう。

動詞の形
語順

代名詞・
動詞の変化1

es を使った熟語

動詞の変化2
否定文

時間を表す前置詞

名詞の性・
複数形

名詞[主語・目的語]
否定冠詞

不可算名詞

所有冠詞

命令形

n. Fleisch *m.* Fische, –e *m.* Reis *f.* Paprika, –s *f.* Tomate, –n
f. Wurst, ˙e *m.* Schinken *m.* Kohl *f.* Gurke, –n
f. Zwiebel, –n
f. Kartoffel, –n
pl. Spaghetti
f. Suppe, –n *m.* Salat
f. Pizza, –s *m.* Käse
n. Ei, –er *pl.* Nudeln
n. Bier *f.* Milch
m. Apfelsaft *n.* Eis *f.* Traube, –n
f. Birne, –n
m. Kuchen *f.* Banane, –n
m. Apfel, ˙ *f.* Orange, –n
n. Mineralwasser *m.* Wein
f. Erdbeere, –n
m. Kaffee *m.* Tee *f.* Kirsche, –n

Endlich Essen!

Dialog 1　　　食べ物 1（不定冠詞・定冠詞）

◀54　1.　A : Was ist das?

　　　B : Das ist <u>eine</u> Banane.

　　　　　Ich esse <u>eine</u> Banane.

　　　A : Schmeckt <u>die</u> Banane gut?

　　　B : Ja. Lecker! Ich mag **Bananen**.

2.　A : Was ist das?

　　B : Das ist ＿＿＿＿ Orange.

　　　　Ich esse ＿＿＿＿ Orange.

　　A : Schmeckt ＿＿＿＿ Orange gut?

　　B : Ja. Prima! Ich liebe Orangen.

3.　A : Was ist das?

　　　B : Das ist ＿＿＿＿ Brot.

　　　　　Ich esse ＿＿＿＿ Brot.

　　　A : Schmeckt ＿＿＿＿ Brot gut?

　　　B : Ja. Ganz frisch! Ich esse gern Brot.

4.　A : Was ist das?

　　B : Das ist ＿＿＿＿ Apfel.

　　　　Ich esse ＿＿＿＿ Apfel.

　　A : Schmeckt ＿＿＿＿ Apfel gut?

　　B : Ja. Sehr Gut! Ich mag ＿＿＿＿ .

Dialog 2　　　食べ物 2（否定冠詞）

◀55　1.　A : Ist das <u>ein</u> Kuchen?

　　　B : Nein, das ist <u>kein</u> Kuchen.

　　　　　Das ist <u>ein</u> Käse.

　　　　　Ich esse <u>keinen</u> Kuchen.

　　　A : Du isst nicht gern Kuchen?!

2.　A : Ist das ＿＿＿＿ Tomate?

　　B : Nein, das ist ＿＿＿＿ Tomate.

　　　　Das ist ＿＿＿＿ Apfel.

　　　　Ich esse ＿＿＿＿ Tomaten.

　　A : Echt, ich esse gern Tomaten.

3.　A : Ist das ＿＿＿＿ Brot?

　　　B : Nein, das ist ＿＿＿＿ Brot.

　　　　　Das ist ＿＿＿＿ Kartoffel.

　　　　　Ich esse ＿＿＿＿ Brot.

　　　A : Wirklich, kein Brot?!

4.　A : Ist das ＿＿＿＿ Apfel?

　　B : Nein, das ist ＿＿＿＿ Apfel.

　　　　Das ist ＿＿＿＿ Birne.

　　　　Ich esse ＿＿＿＿ Äpfel.

　　A : Du magst ＿＿＿＿ Äpfel!

ドイツ語のルール

＊名詞の役割 [主語・目的語] によって冠詞の形が違うところがあります。

定冠詞	男性名詞	女性名詞	中性名詞	複数形
主語	**der** Kuli	**die** Uhr	**das** Buch	**die** Bücher
目的語	**den** Kuli			

不定冠詞	男性	女性	中性
主語	**ein**	**eine**	**ein**
目的語	**einen**		

◀56

	男性名詞 m.	女性名詞 f.	中性名詞 n.	複数形 pl.
主語 （補語）	Das ist ein Kuli. Der Kuli ist neu.	Das ist eine Uhr. Die Uhr ist alt.	Das ist ein Buch. Das Buch ist teuer.	Das sind Bücher. Die Bücher sind billig.
目的語	Ich habe einen Kuli. （一本のボールペンを） Ich habe den Kuli. （そのボールペンを）	Ich habe eine Uhr. （一つの時計を） Ich habe die Uhr. （その時計を）	Ich habe ein Buch. （一冊の本を） Ich habe das Buch. （その本を）	Ich habe Bücher. （何冊かの本を） Ich habe die Bücher. （それらの本を）

＊否定文　不定冠詞＋名詞・無冠詞の名詞の否定は否定冠詞 [kein] を使います。

ドイツ語のルール

否定冠詞	男性名詞	女性名詞	中性名詞	複数形
主語	kein　Kuli	keine Uhr	kein Buch	keine Bücher
目的語	kein**en** Kuli			

ein ☐ → kein ☐
不定冠詞と否定冠詞
の変化語尾は同じ！

🔊 57

	男性名詞	女性名詞	中性名詞	複数形
[主語]　　否定文	Das ist ein Kuli.　　Das ist kein Kuli.	Das ist eine Uhr.　　Das ist keine Uhr.	Das ist ein Buch.　　Das ist kein Buch.	Das sind Bücher.　　Das sind keine Bücher.
[目的語]　否定文	Ich habe einen Kuli.　Ich habe keinen Kuli.	Ich habe eine Uhr.　Ich habe keine Uhr.	Ich habe ein Buch.　Ich habe kein Buch.	Ich habe Bücher.　Ich habe keine Bücher.

✏️ 単語をマスターしよう！

◆動詞	意味	発音
essen		
trinken		
schmecken		
*mögen		

🔊 58

mögen		
ich	wir	mög**en**
du	ihr	mög**t**
er, sie, es	sie, Sie	mög**en**

Ich mag Deutsch!
Und du?

Übung　否定文を作りましょう。5. ～ 7. はペア練習をしましょう。

1. Das sind Eier.　　　→ 否定文：Das sind ＿＿＿＿＿＿ Eier.　これは卵ではありません。

2. Ich esse Gemüse.　　→ 否定文：Ich esse ＿＿＿＿＿ Gemüse. 私は野菜を食べない。

3. Ich mag Fisch.　　　→ 否定文：Ich mag ＿＿＿＿＿ Fisch.　私は魚を好きではない。

4. Ich mag Milch.　　　→ 否定文：Ich mag ＿＿＿＿＿ Milch.　私はミルクを好きではない。

5. Magst du Reis?　– Nein, ich mag ＿＿＿＿＿ Reis.　君はご飯が好き？
　　　　　　　　　　　　　　　　　　　　　　ーいいえ、ご飯が好きではない。

6. Magst du Nudeln?　– Nein, ich mag ＿＿＿＿＿ Nudeln.　君は麺類が好き？
　　　　　　　　　　　　　　　　　　　　　　ーいいえ、麺類が好きではない。

7. Trinken Sie Bier?　– Nein, ich trinke ＿＿＿＿＿ Bier.　あなたはビール飲みますか？
　　　　　　　　　　　　　　　　　　　　　　ーいいえ、私は飲みません。

Ich grille
sehr gern!

Information

ドイツ人の食事について

ドイツ人の朝は早く、会社や学校は 7 〜 8 時には始まります。朝食はシリアルやジャムを塗った小型の丸いパン：Brötchen などで簡単に済ませます。10 時頃には Frühstückpause(朝食休憩) が 15 分ほどあり、家から持参した簡単なサンドイッチやフルーツなどを食べます。伝統的に昼食がメインとなり肉または魚料理の火を使って料理した温かい食事：warmes Essen を食べます。以前は職場から帰って家で家族と共に昼食を取る習慣がありましたが、生活スタイルの変化により最近では、会社の食堂や学食で昼食をとる人がほとんどです。夕食には簡単な黒パンにチーズやハム、ソーセージをのせて食べる冷たい食事：kaltes Essen が定番です。

ドイツでは、曜日によって食事の献立が決まっています。地域によっても違いがあるようですが、キリスト教の影響で金曜日には魚料理を食べる習慣があります。金曜日はスーパーでも魚が特売品として並び、レストランでも魚料理が本日のメニューとして登場します。土曜日のお昼は、Eintopf というスープ料理が定番という家庭も多いです。ソーセージや残り野菜、豆類などを煮込むだけの手軽な料理です。土曜日、食料品の買い出しや掃除などで多忙な主婦にとってのお助け料理です。季節ごとに旬の野菜を入れたり、材料も家庭ごとに違うのでドイツ人にとっておふくろの味を感じさせる家庭料理と言われています。日曜日のお昼は、主婦の腕の見せ所、豚や牛肉などのお肉料理のご馳走です。一方、家族や友達を招待しベランダや庭などでバーベキュー：grillen を楽しむ家庭も多いのですが、ここでは男性がバーベキューの主役となります。

8

Was möchten Sie?

動詞の形　語順

代名詞・動詞の変化 1

es を使った熟語

動詞の変化 2　否定文

時間を表す前置詞

名詞の性・複数形

名詞 [主語・目的語]　否定冠詞

不可算名詞

所有冠詞

命令形

＊味を表す表現　🔊 59

Wie schmeckt das?

Das schmeckt _____.

| fantastisch | sehr gut | gut | nicht so gut | nicht | gar nicht |

Dom Café

Speisekarte

***** Getränke *****

Kaffee	2,80 €
Milchkaffee	3,30 €
Tee	3,00 €
Orangensaft	3,25 €
Cola	2,90 €
Limonade	3,20 €
Mineralwasser	2,90 €

***** Kuchen *****

Schokoladentorte	4,65 €
Obsttorte	4,30 €
Apfelkuchen	3,20 €
Käsekuchen	3,40 €

***** Kleine Speisen *****

| Käsebrötchen | 3,90 € |
| Schinkenbrötchen | 3,95 € |

Ich habe Hunger und Durst, aber ich habe kein Geld.

Dialog   カフェで

 K : Kellnerin   T : Taro
L : Lisa

◀ 60

K : Guten Tag! Was wünschen Sie?

T : Ich möchte gern eine Limo.

K : Bekommen Sie sonst noch etwas?

T : Nein, ich habe jetzt keinen Hunger.

K : Sehr gern! Was nehmen Sie, bitte?

L : Ich nehme eine Tasse Tee und einen Apfelkuchen.

＊＊＊＊(Das Essen kommt.) ＊＊＊＊

K : So, bitte schön. Guten Appetit!

T & L :Danke.

T : Wie schmeckt der Apfelkuchen?

L : Er schmeckt fantastisch!

＊＊＊＊(Nach dem Essen) ＊＊＊＊

T : Zahlen, bitte!   K : Bezahlen Sie zusammen oder getrennt?

T : Zusammen, bitte!   K : Das macht zusammen 8,90 Euro.

T : 9,50 Euro, bitte.   K : Danke, schön. Auf Wiedersehen!

値段の読み方 **◀ 61**

1€ ein Euro

0,70 € siebzig Cent

29,60 € neunundzwanzig Euro sechzig

ⓘ お勘定の仕方

カフェやレストランでのお勘定はテーブルで行います。その時にお会計の10%くらいのチップ (Trinkgeld) を上乗せして払うのが普通です。おつり分をチップにしたい時はStimmt so. と言います。

＊**数えられない名詞**：**◀ 62**   ドイツ語のルール

Tee, Milch, Butter, Fleisch, Schokolade, Reis, Zucker, Joghurt, Eis, Brot, Kuchen

物質名詞と集合名詞（Gemüse）などの量と質を表す名詞は数えることができません。通常は無冠詞で使われます。これらの名詞を、あえて個数表現するには数えるために単位となる名詞を付けて用います。

Ich trinke oft Tee. Ich trinke eine Tasse Tee （1杯のお茶）**/ zwei Tassen Tee** . （2杯のお茶）

ein Kännchen Tee 1杯のポットの茶 **ein Glas Bier** グラス1杯のビール   **ein Stück Kuchen** 1切れのケーキ

eine Flasche Cola 1本のコーラ **ein Krug Bier** ジョッキ1杯のビール **eine Scheibe Brot** 1枚のパン

ただし一つだけ注文する場合には、不定冠詞（1つの～）を付けて使うことも多いです。

Ich nehme einen Kuchen / eine Cola / ein Bier.

Übung 質問に答えましょう。

1. Hat Taro Hunger?   – ....,........................ .

2. Was bestellt Lisa?   – ....

3. Was kostet ein Mineralwasser? – ....

4. Was kostet ein Apfelkuchen?   – ....

5. Hast du jetzt Durst?   – ....,........................ .

> Ich trinke einen Krug Bier. Prost!

✏️ **単語をマスターしよう！**

	意味	発音		意味	発音
Tasse			brauchen		
Hunger			bestellen		
Durst			suchen		
zusammen			kosten		
getrennt			wünschen		
preiswert			bekommen		

L : Lisa
V : Verkäuferin

Übung　不定冠詞、定冠詞、人称代名詞を入れましょう。

	nehmen	möchte
意味		
ich		
du		
er, sie, es		
wir		
ihr		
sie/Sie		

1. L : Guten Tag! Ich suche <u>eine</u> Tasche.

   V : <u>Die</u> Tasche hier ist praktisch.

   L : Was kostet <u>die</u> Tasche?

   V : <u>Sie</u> kostet 18 Euro.

   L : Dann nehme ich <u>die</u> Tasche.

2. L : Guten Tag!

   Ich möchte .... Kuli.　V : .... Kuli hier ist sehr gut.

   L : Was kostet .... Kuli?　V : .... kostet 24 Euro.

   L : Dann nehme ich .... Kuli.

3. L : Guten Tag!

   Ich brauche Schuhe.　　　V : .... Schuhe hier sind elegant.

   L : Was kosten .... Schuhe?　V : .... kosten 58 Euro.

   L : Dann nehme ich .... Schuhe.

4. L : Guten Tag!

   Haben Sie Hefte?　　　V : .... Heft hier ist preiwert.

   L : Was kostet .... Heft?　V : .... kostet 2 Euro.

   L : Dann möchte ich .... Heft nicht.

動詞の形　語順

代名詞・動詞の変化1

es を使った熟語

動詞の変化2　否定文

時間を表す前置詞

名詞の性・複数形

名詞[主語・目的語]　否定冠詞

不可算名詞

所有冠詞

命令形

レストランの中での会話練習です。A：ウェーターがオーダーを取ります。B：お客さんは下のメニュー1～4のものを注文します。Aが味について尋ね、Bが答えます。

Speisekarte

1. *f.* Fanta 0,25 l	1,90 €	*m.* Schweinebraten mit Salat 11,50 €
2. *m.* Wein 0,25 l	2,10 €	*n.* Hähnchen mit Reis und Gemüse 8,50 €
3. *n.* Bier 0,33 l	2,50 €	*f.* Bratwurst mit Pommes frites 5,80 €
4. *f.* Tomatensuppe	4,50 €	*m.* Lachs mit Salzkartoffeln 12,50 €

---

1. A: Was möchten Sie?

◀ 63   B: Ich möchte gern <u>eine Fanta</u> und <u>einen Schweinebraten</u>.

* * * * * * * * * * *

    A: Wie schmeckt <u>der Schweinebraten</u>?

    B: <u>Er</u> schmeckt <u>sehr gut</u>.

2. A: Was bekommen Sie?

    B: Ich möchte gern _____ _____ und _____ _____.

* * * * * * * * * *

    A: Wie schmeckt _____ _____?

    B: _____ schmeckt _____.

3. A: Was wünschen Sie ?

    B: Ich möchte gern ____ Glas _____ und _____ _____.

* * * * * * * * * *

    A: Wie schmeckt _____ _____?

    B: _____ schmeckt _____.

4. A: Was nehmen Sie?

    B: Ich möchte gern _____ _____ und _____ _____.

* * * * * * * * * *

    A: Wie schmeckt _____ _____?

    B: _____ schmeckt _____.

> Ah, Hähnchen ...
> Ich möchte gern
> 20 Hähnchen.

Lektion 9

Wer ist das?

64

Vater	Mutter	Großvater	Großmutter
Bruder	Schwester	Mann	Frau
Onkel	Tante	Sohn	Tochter

絵の下に合う単語を
書き入れましょう！

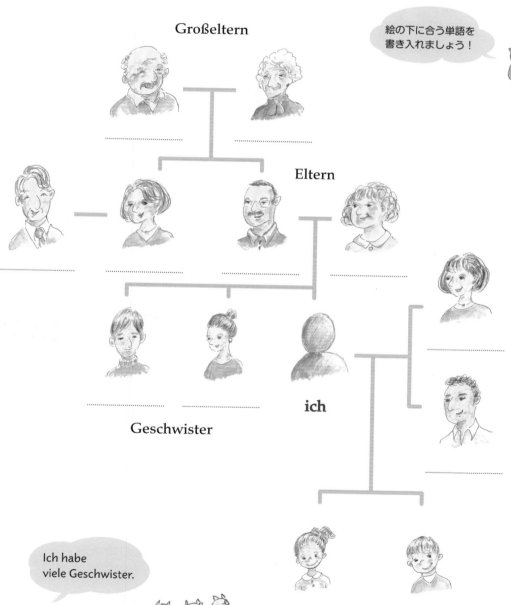

Großeltern

Eltern

ich

Geschwister

Ich habe
viele Geschwister.

Kinder

Dialog   家族について

◀ 65

L： Hast du Geschwister?

T： Nein, ich habe keine Geschwister. Und du?

L： Ich habe eine Schwester und einen Bruder.

T： Wo wohnt deine Schwester?

L： Meine Schwester wohnt in München. Sie ist Hausfrau und hat zwei Kinder.
 Ihr Sohn ist drei und ihre Tochter ist fünf Jahre alt.

T： Wohnt dein Bruder auch in München?

L： Nein, er arbeitet als Lehrer in Berlin. Er ist ledig. Sein Hobby ist Joggen.

T： Besuchst du oft deinen Bruder?

L： Ja, wir gehen oft zusammen in Berlin ins Konzert.

＊所有冠詞 ◀ 66   ドイツ語のルール

代名詞（主語）	ich（私は）	du（君は）	er（彼は）	sie（彼女は）	es（それは）
所有冠詞 （〜の）	**mein** （私の）	**dein** （君の）	**sein** （彼の）	**ihr** （彼女の）	**sein** （それの）
代名詞（主語）	wir（私達は）	ihr（君達は）	sie（彼らは） / Sie（あなた（方）は）		
所有冠詞 （〜の）	**unser** （私達の）	**euer** （君達の）	**ihr**　/　**Ihr** （彼らの）（あなた（方）の）		

所有冠詞	男性	女性	中性	複数形
主語	mein　Kuli	meine Uhr	mein Buch	meine Bücher
目的語	meinen Kuli			

ein□ mein□
不定冠詞と所有冠詞の
語尾はいつも同じ！

＊ euer の場合は eu(e)re → eure eu(e)ren → euren

Übung 1　所有冠詞を入れましょう

1. Ist das ＿＿＿＿ Kuli?　– Ja, das ist ＿＿＿＿ Kuli.
 これは君のボールペンですか？
 －はい、私のボールペンだ。

2. Ist das ＿＿＿＿ Uhr?　– Nein, das ist ＿＿＿＿ Uhr.
 これは彼女の時計ですか？
 －いいえ、彼の時計だ。

3. Wie alt ist ＿＿＿＿ Mutter?　– ＿＿＿＿ Mutter ist 50.
 君達の母親は何歳？
 －私達の母は５０歳だ。

4. Was machen ＿＿＿＿ Großeltern? – ＿＿＿＿ Großeltern sind Rentner.
 君の祖父母は何してるの？　　　　　　－私の祖父母は年金生活者だ。

5. Was ist ＿＿＿＿ Vater von Beruf?　– ＿＿＿＿ Vater ist Polizist.
 あなたの父親のご職業は何ですか？　　　　－私の父は警察官です。

○○

動詞の形・語順
代名詞・動詞の変化1
es を使った熟語
動詞の変化2 否定文
時間を表す前置詞
名詞の性・複数形
名詞(主格・目的格) 否定冠詞
不可算名詞
所有冠詞
命令形

🖊 **単語をマスターしよう！**

	意味	発音		意味	発音
besuchen			sympathisch		
kennen			nett		
finden			glücklich		

Übung 2　所有冠詞を入れましょう

1. **Sie hat einen Freund.** — **Ja, ich kenne _____ Freund.**
   彼女はボーイフレンドがいるよ。　　　　ーええ、私は<u>彼女の</u>ボーイフレンドを知ってるよ。

2. **Kennst du _____ Lehrer?** — **Ja, ich finde _____ Lehrer sympathisch und nett.**
   君は<u>私達の</u>先生を知ってる？　　　ーはい、私は<u>君達の</u>先生を感じの良くて親切だと思うよ。

3. **Wir haben eine Idee.** — **Ich finde _____ Idee gut.**
   <u>私達は</u>一つ考えがあるんだ。　　　ー私は<u>あなた方の</u>アイディアを良いと思うよ。

4. **Ich suche _____ Handy.** — **Ah, ich sehe dort _____ Handy.**
   私は<u>私の</u>携帯を捜している。　　　ーあ、あそこに<u>君の</u>携帯が見えるよ。

> Wie findest du Deutsch?

Text　**私の友達** —— 訳してみましょう！　🔊 67

Das ist Tsutomu. Er ist mein Freund. Er hat eine Schwester. Ich kenne seine Schwester gut. Ich treffe auch oft seine Schwester. Seine Heimat ist in Tochigi. Seine Familie wohnt in Tochigi, aber er wohnt jetzt in Tokyo. Seine Wohnung ist sehr klein, aber er ist glücklich. Seine Schwester kommt manchmal nach Tokyo und sie bringt Tsutomu seine Sachen, zum Beispiel seine Sportschuhe, seine Sonnenbrille, seinen Pass, sein Hemd oder seinen Pullover.

* **Text** の最初の2行を次の単語に換えて文を書き換えましょう。

Tsutomu → Gabi　　Freund → Freundin　　Schwester → Bruder

Das ist Gabi. _____ ist _____ Freundin. _____ hat _____ Bruder.

Ich kenne _____ Bruder gut.

Ich treffe auch oft _____ Bruder. _____ Heimat ist in Tochigi.

> 🖊 自分の家族について、これまで学習した語彙や表現を出来るだけたくさん
> 使って紹介してみましょう！

Wortschatz 🔊68 家族

Enkelkind 孫　　Enkel 孫息子　　Enkelin 孫娘　　Einzelkind 一人っ子

Feste Partnerschaft 事実婚カップル　　Stiefvater 義理の父　　Stiefmutter 義理の母

Stiefkinder 義理の子供　　alleinerziehende Mutter シングルマザー

ledig 独身の　　verheiratet 結婚した　　geschieden 離婚した

Information

ドイツの家族

ドイツは、日本以上に晩婚化や未婚化が進んでいます。日本よりも結婚率は低く、離婚率は高く 50％に達しています。そのため一人親家庭も増加しています。また他のヨーロッパ諸国と共通して、法的に結婚しない事実婚のカップルも増えています。未婚のパートナーシップが社会的にも認知されています。未婚の男女間に生まれた婚外子の率は新生児の 35％（旧東ドイツ地域では 60％以上）を占めていますが、婚外子は社会的に差別を受けることはありません。親が既婚でも未婚でも子供に対する社会保障は同じで、子供の権利は一律に保障されています。

パッチワーク家族：Patchwork-Familie と言われる連れ子の再婚家庭も増えています。パッチワークは、布片を繋ぎあわせて大きな布を作る手芸用語ですが、1人親家族が、別の家族と一緒に新しい家庭を構成することです。2017 年に同性婚が法的に認められ、同性のカップルやその家族も生れています。ドイツでは、伝統的な結婚観や家族のスタイルが変わりつつあります。

◀ 69

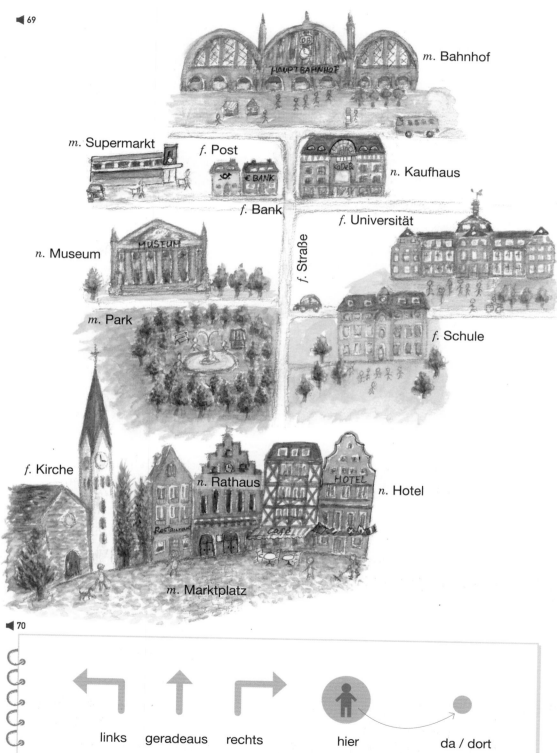

m. Bahnhof

m. Supermarkt

f. Post

n. Kaufhaus

f. Bank

f. Universität

n. Museum

f. Straße

m. Park

f. Schule

f. Kirche

n. Rathaus

n. Hotel

m. Marktplatz

◀ 70

links   geradeaus   rechts   hier   da / dort

◀71 1.

Entschuldigung, ich suche hier in der Nähe ein Hotel.

Gehen Sie hier rechts. Da sehen Sie ein Hotel.

Vielen Dank!

Bitte, bitte!

2.

Entschuldigen Sie bitte, wie komme ich zum Bahnhof?

Das ist ganz einfach. Fahren Sie hier die Straße immer geradeaus.

Danke sehr.

Nichts zu danken!

3.

Wo ist hier eine Post, bitte?

Tut mir leid, das weiß ich auch nicht. Ich bin hier fremd.

Oh, trotzdem danke!

4.

Gibt es hier eine Toilette?

Geh gleich hier rechts. Da drüben ist ein Kaufhaus. Darin ist eine Toilette.

◀72 ＊**命令形**　主語：誰に命令してるのかによって形が違います。主語 du, ihr は省きます。　**ドイツ語のルール**

主語		gehen	fahren	＊sehen
du に対して	語幹！	Geh!	Fahr!	Sieh!
ihr に対して	−t!	Geht!	Fahrt!	Seht!
Sie に対して	−en!	Gehen Sie!	Fahren Sie!	Sehen Sie!

◀73

Geh geradeaus!　君、まっすぐ行きなさい！

Geht rechts!　　君達、右に行きなさい！

Gehen Sie links!　あなた（方）、左に行って下さい！

◀74 命令文によく使われる単語：mal（さぁ、ほら）　bitte（どうぞ）

du siehst の変化語尾 -st を取ると命令形 Sieh!

Trinken Sie **mal** Matcha-Tee!

Gehen Sie **bitte** links! = **Bitte**(,) gehen Sie links! = Gehen Sie links, **bitte**!

◀ 75

wissen	
ich	
du	
er, sie, es	
wir	wissen
ihr	wisst
sie/Sie	wissen

✏ 単語をマスターしよう！

	意味	発音		
wissen			in der Nähe	近くに
da drüben			zum Bahnhof	駅へ
da vorn			zur Post	郵便局へ
weiter			zum Rathaus	市庁舎へ
einfach			(Es) tut mir leid.	すみません

Übung 1
.... 定冠詞を入れましょう。 .... 不定冠詞を入れましょう。ペア練習しましょう。

1. Wo ist hier .... Park? – Da drüben sehen Sie .... Park, ... Rathauspark.

2. Wo ist hier .... Kirche? – Da geradeaus ist .... Kirche, ... Michaelkirche.

3. Wo ist hier .... Hotel? – Da vorn sehen Sie .... Hotel, ... Hotel Sacher.

4. Wo sind hier Toiletten? – Gleich hier ist .... Toilettenhaus.

Übung 2
命令形の文を作りましょう。ペア練習をしましょう。

1. A: Ich habe Durst.
   B: .... bitte ....! (etwas trinken) [du に対して]
   B: .... bitte ....! [Sie に対して]

2. A: Wir brauchen Geld.
   B: ...., bitte! (zur Bank gehen) [ihr に対して]
   B: ...., bitte! [Sie に対して]

3. A: Ich habe Hunger.
   B: .... mal ....! (etwas essen) [du に対して]
   B: .... mal ....! [Sie に対して]

4. A: Wir haben morgen einen Deutsch-Test.
   B: Bitte ....! (Deutsch lernen) [ihr に対して]
   B: Bitte ....! [Sie に対して]

5. A: Wie komme ich zum Rathaus?
   B: .... dort ....! (den Bus nehmen) [du に対して]
   B: .... dort ....! [Sie に対して]

Sprich bitte Deutsch!

Wortschatz ◀76 お礼の言葉、その返答

「どうもありがとう！」

Danke!　　　Danke schön!　　　Danke sehr!　　　Vielen Dank!

Das ist sehr nett von Ihnen.

「どういたしまして！」

Bitte!　　　Bitte schön!　　　Bitte sehr!　　　Keine Ursache!

Fertig!
Noch viel Spaß beim
Deutsch lernen!
Tschüss! Bis bald!

tanken　　+　Stelle
ガソリンを入れる　+　場所
→ Tankstelle

Information

ドイツのガソリンスタンド

24 時間営業のコンビニや自動販売機が普及し、いつでも買い物ができる日本とは違い、ドイツで買い物をする時には、お店の営業日や営業時間に注意しなければなりません。ドイツでは、閉店法という法律で営業が規制されています。2006 年以降、規制が緩和され、州によって異なりますが、平日と土曜日の営業時間はかなり延長されました。

多くの州のスーパーマーケットは、8 時から 20 時、繁華街の商店は 10 時から 20 時くらいまで開いています。日曜日と祝日は基本的に閉店しています。パン屋、空港や駅構内の店舗、ガソリンスタンドは例外です。

ガソリンスタンドでは、少し値段が高くなりますが、日本のコンビニのように 24 時間営業、年中無休で、食料品や日用雑貨からちょっとしたプレゼントやお花まで何でも買い物ができます。買い物をするためだけにガソリンスタンドに行く人もいるようです。

主要不規則動詞変化表

不定詞	直説法現在	過去基本形	接続法第2式	過去分詞
backen （パンなどを）焼く	*du* backst *er* backt	**backte (buk)**	backte (büke)	**gebacken**
befehlen 命令する	*du* befiehlst *er* befiehlt	**befahl**	beföhle	**befohlen**
beginnen 始める，始まる		**begann**	begänne	**begonnen**
bitten たのむ		**bat**	bäte	**gebeten**
bleiben とどまる		**blieb**	bliebe	**geblieben**
braten （肉などを）焼く	*du* brätst *er* brät	**briet**	briete	**gebraten**
bringen 持って来る		**brachte**	brächte	**gebracht**
denken 考える		**dachte**	dächte	**gedacht**
empfehlen 推薦する	*du* empfiehlst *er* empfiehlt	**empfahl**	empföhle (empfähle)	**empfohlen**
essen 食べる	*du* isst *er* isst	**aß**	äße	**gegessen**
fahren （乗物で) 行く	*du* fährst *er* fährt	**fuhr**	führe	**gefahren**
finden 見つける		**fand**	fände	**gefunden**
fliegen 飛ぶ		**flog**	flöge	**geflogen**
geben 与える	*du* gibst *er* gibt	**gab**	gäbe	**gegeben**
gehen 行く		**ging**	ginge	**gegangen**

不定詞	直説法現在	過去基本形	接続法第2式	過去分詞
genießen 享受する，楽しむ		**genoss**	genösse	**genossen**
gewinnen 獲得する，勝つ		**gewann**	gewönne	**gewonnen**
haben 持っている	*ich* habe *du* hast *er* hat	**hatte**	hätte	**gehabt**
helfen 持って(つかんで)いる	*du* hältst *er* hält	**hielt**	hielte	**gehalten**
hängen 掛かっている		**hing**	hinge	**gehangen**
heißen …と呼ばれる		**hieß**	hieße	**geheißen**
helfen 助ける	*du* hilfst *er* hilft	**half**	hülfe	**geholfen**
kennen 知っている		**kannte**	kennte	**gekannt**
kommen 来る		**kam**	käme	**gekommen**
lassen …させる	*du* lässt *er* lässt	**ließ**	ließe	**gelassen** **(lassen)**
laufen 走る	*du* läufst *er* läuft	**lief**	liefe	**gelaufen**
lesen 読む	*du* liest *er* liest	**las**	läse	**gelesen**
liegen 横たわっている		**lag**	läge	**gelegen**
lügen うそをつく		**log**	löge	**gelogen**
nehmen 取る	*du* nimmst *er* nimmt	**nahm**	nähme	**genommen**
reiten 馬に乗る		**ritt**	ritte	**geritten**

不定詞	直説法現在	過去基本形	接続法第２式	過去分詞
rennen 走る		**rannte**	rennte	**gerannt**
rufen 叫ぶ, 呼ぶ		**rief**	riefe	**gerufen**
schaffen 創造する		**schuf**	schüfe	**geschaffen**
schlafen 眠る	*du* schläfst *er* schläft	**schlief**	schliefe	**geschlafen**
schließen 閉じる		**schloss**	schlösse	**geschlossen**
schneiden 切る		**schnitt**	schnitte	**geschnitten**
schreiben 書く		**schrieb**	schriebe	**geschrieben**
schwimmen 泳ぐ		**schwamm**	schwömme (schwämme)	**geschwommen**
sehen 見る	*du* siehst *er* sieht	**sah**	sähe	**gesehen**
sein 在る	*ich* bin　*wir* sind *du* bist　*ihr* seid *er* ist　*sie* sind	**war**	wäre	**gewesen**
singen 歌う		**sang**	sänge	**gesungen**
sitzen 座っている	*du* sitzt *er* sitzt	**saß**	säße	**gesessen**
sprechen 話す	*du* sprichst *er* spricht	**sprach**	spräche	**gesprochen**
springen 跳ぶ		**sprang**	spränge	**gesprungen**
stehen 立っている		**stand**	stünde	**gestanden**
sterben 死ぬ	*du* stirbst *er* stirbt	**starb**	stürbe	**gestorben**

不定詞	直説法現在	過去基本形	接続法第2式	過去分詞
streiten 争う		**stritt**	stritte	**gestritten**
tragen 運ぶ	*du* trägst *er* trägt	**trug**	trüge	**getragen**
treffen 当たる，会う	*du* triffst *er* trifft	**traf**	träfe	**getroffen**
trinken 飲む		**trank**	tränke	**getrunken**
tun する	*ich* tue *du* tust *er* tut	**tat**	täte	**getan**
vergessen 忘れる	*du* vergisst *er* vergisst	**vergaß**	vergäße	**vergessen**
waschen 洗う	*du* wäsch[e]st *er* wäscht	**wusch**	wüsche	**gewaschen**
werden (…に)なる	*du* wirst *er* wird	**wurde**	würde	**geworden** **(worden)**
wissen 知っている	*ich* weiß *du* weißt *er* weiß	**wusste**	wüsste	**gewusst**
ziehen 引く，移動する		**zog**	zöge	**gezogen**

44

トントン・ドイツ語
自己プレゼンテーションのかんたんドイツ語

検印
省略

© 2021 年 1 月 15 日　初版発行

著　者　　　　　　　　　　川　上　博　子
　　　　　　　　　　　　　Imke Lenz

発行者　　　　　　　　　　原　　雅　久
発行所　　　　　　　株式会社 朝 日 出 版 社
　　　　　〒 101-0065　東京都千代田区西神田 3-3-5
　　　　　　　　　　電話 (03) 3239-0271（直通）
　　　　　　　　　　http://www.asahipress.com
　　　　　　　　　　　　　欧友社／図書印刷